中国生物质发电行业发展报告

China Biomass Power Generation Industry
Development Report 2021

水电水利规划设计总院　主编

图书在版编目（CIP）数据

2021中国生物质发电行业发展报告 / 水电水利规划设计总院主编 . -- 北京：中国经济出版社，2022.8
ISBN 978-7-5136-7019-7

Ⅰ. ①2… Ⅱ. ①水… Ⅲ. ①生物能源－发电－产业发展－研究报告－中国－2021 Ⅳ. ① F426.61

中国版本图书馆 CIP 数据核字（2022）第 134134 号

审图号：GS 京（2022）0474 号

策划编辑	姜　静
责任编辑	郑　潇
责任印制	马小宾

出版发行	中国经济出版社
印 刷 者	北京富泰印刷有限责任公司
经 销 者	各地新华书店
开　　本	889mm×1194mm　1/16
印　　张	3.75
字　　数	80 千字
版　　次	2022 年 8 月第 1 版
印　　次	2022 年 8 月第 1 次
定　　价	198.00 元

广告经营许可证　京西工商广字第 8179 号

中国经济出版社 网址 www.economyph.com 社址 北京市东城区安定门外大街 58 号 邮编 100011
本版图书如存在印装质量问题，请与本社销售中心联系调换（联系电话：010-57512564）

版权所有　盗版必究（举报电话：010-57512600）
国家版权局反盗版举报中心（举报电话：12390）　服务热线：010-57512564

编委会
Editorial Board

主　　编　　赵增海　易跃春

副 主 编　　郭雁珩　谢宏文　宋述军

校　　审　　艾　琳　刘建东

编 写 人 员　　于雄飞　李　莹　邱　辰　马　静
　　　　　　　　全　启　陈喜军　王　敏　于延龙
　　　　　　　　曹宏宇　曹　艳　陈莲枝　冯泽深

前言
Foreword

2021年是中国共产党成立100周年，是全面建成小康社会、开启全面建设社会主义现代化国家新征程的关键之年，也是中国应对气候变化新征程全面启航之年。随着"碳达峰、碳中和"工作的深入推进，我国可再生能源将迎来难得的发展机遇。

生物质能是重要的可再生能源，具有资源来源广泛、利用方式多样、能源产品多元、综合效益显著等特点。生物质发电是生物质能开发利用的重要途径，发展生物质发电能够有效处理城乡有机废弃物，对于改善城乡人居环境、助力乡村振兴、应对气候变化、推进农村能源革命等方面具有重要意义。

2021年，中国生物质发电行业在国内局部疫情时有发生、成本和价格上扬的情况下依然保持了较快的发展，全年新增并网装机容量达到808万千瓦，同比增长约48.8%；年发电量达到1637亿千瓦时，同比增长23.6%；生活垃圾焚烧发电继续作为主要增长引擎，其新增装机规模、新增发电量分别占生物质发电新增装机、新增发电量的71.8%、98.1%。

2021年，国家进一步加强政策支持和引导，在建设管理方面，有序开展竞争性配置，按照不同地区和类型实施补贴资金央地分担；在生态环保方面，加快构建生物质能循环发展经济体系，全面推进城镇生活垃圾分类和处理设施建设，着力提升黄河流域城镇垃圾处理能力；在财税金融方面，通过安排中央预算内投资、推出碳减排支持工具、进行国补应收账款确权贷款、实施基础设施领域不动产投资信托基金等支持行业发展。随着人民生活水平的提高，以及一系列支持和管理政策的落地，我国生物质发电行业也将进入高质量发展阶段。

为全面反映 2021 年我国生物质发电行业发展情况，为政府决策、企业生产经营和社会发展提供有益参考，特编制《2021 中国生物质发电行业发展报告》。该报告共分为五篇，覆盖政策法规、开发应用、技术装备、形势与展望等多个方面，系统分析了 2021 年全国生物质发电行业政策环境、开发应用现状和技术装备发展情况，总结了 2021 年生物质发电行业在国内外能源形势、政策变化、建设运营等方面的变化趋势，并结合新的发展阶段，对未来行业的发展前景进行了展望。

《2021 中国生物质发电行业发展报告》是生物质发电行业发展的综合性研究报告，由国家能源局指导、水电水利规划设计总院编写。该报告内容尚有不完善之处，恳请读者批评指正。

《2021 中国生物质发电行业发展报告》编写组

2022 年 7 月

目录
Content

1 综述	1	1.1 国际发展	2
		1.2 政策环境	2
		1.3 建设运行	3
		1.4 技术装备	4
		1.5 产业投资	4

2 政策法规篇	5	2.1 建设管理	6
		2.2 生态环保	8
		2.3 行业监测	10
		2.4 财税金融	11

3 开发应用篇	13	3.1	生物质资源	14
		3.2	资源开发利用情况	15
		3.3	建设运行情况	16
		3.4	区域发展情况	32
		3.5	主要开发建设企业	36
		3.6	投资建设情况	39

4 技术装备篇	41	4.1	农林生物质发电	42
		4.2	生活垃圾焚烧发电	43
		4.3	沼气发电	46

5 形势与展望篇	47	5.1	面临形势	48
		5.2	发展展望	49

[1 综述]
Overview

1.1 国际发展

作为现代重要的规模化、产业化生物质能利用方式,生物质发电具有清洁、环保、应用灵活等诸多特点,得到全球各个国家的积极推动和支持,生物质发电规模保持稳定增长。2021年,全球生物质发电装机规模达到1.43亿千瓦,同比增长8%,其中我国生物质发电装机规模3798万千瓦,居全球第一位,其次为巴西和美国,装机规模分别为1630万千瓦和1357万千瓦[①]。

1.2 政策环境

竞争性配置有序开展。 2021年1月1日(含)以后当年新开工项目采用竞争性配置方式纳入中央财政补贴清单。竞争性配置项目分为农林生物质发电和沼气发电、垃圾焚烧发电两类,按补贴退坡幅度由高到低排序纳入,其中农林生物质和垃圾焚烧发电申报电价需低于现行标杆上网电价,沼气发电低于各省现行上网电价,以1厘/千瓦时为最小报价单位。

补贴资金实施央地分担。 2020年9月11日(含)以后全部机组并网项目的补贴资金实行央地分担,西部和东北、中部、东部地区农林生物质发电和沼气发电项目中央支持比例分别为80%、60%、40%,垃圾焚烧发电项目中央支持比例分别为60%、40%、20%,后续中央分担部分将逐年调整并有序退出。

生活垃圾焚烧设施建设全面推进。 统筹规划生活垃圾焚烧处理设施,鼓励利用既有生活垃圾处理设施用地建设生活垃圾焚烧项目。生活垃圾日清运量达到建设规模化垃圾焚烧处理设施条件的地区,可适度超前建设与生活垃圾清运量增长相适应的焚烧处理设施,不具备建设规模化垃圾焚烧处理设施条件的地区,可通过跨区域共建共享方式建设焚烧处理设施。

财税金融支持力度进一步加强。 安排污染治理和节能减碳中央预算内投资支持资金,支持生活垃圾处理基础设施和秸秆综合利用项目。明确补贴清单内的可再生能源项目,可以通过已确权的应收未

[①] 数据来源:国际可再生能源署(IRENA)发布的《2022年可再生能源装机数据》(*Renewable Capacity Statistics 2022*)。

收财政补贴资金申请补贴确权贷款。推出碳减排支持工具，支持金融机构为具有显著碳减排效应的重点项目提供优惠利率融资。积极推动基建 REITs 试点落地，优先支持固废危废处理等污染治理基础设施补短板项目。

1.3 建设运行

新增装机规模创历史新高。 2021 年，全国生物质发电新增并网装机容量达到 808 万千瓦，同比增长约 48.8%，创历史新高。其中，农林生物质发电 215 万千瓦，垃圾焚烧发电 580 万千瓦，沼气发电 13 万千瓦。

新增装机主要分布在华中和华北区域。 2021 年，华中、华北、华东区域新增并网装机容量分别为 204 万千瓦、191 万千瓦、161 万千瓦，分别占全国新增并网规模的 25%、24%、20%，其次为东北区域 120 万千瓦、南方区域 109 万千瓦、西北区域 24 万千瓦。

发电量显著提升。 2021 年，生物质发电年发电量达到 1637 亿千瓦时，同比增长 23.6%，占全部电源年总发电量的 2.0%，占可再生能源年发电量的 6.6%。其中，农林生物质发电年发电量为 516 亿千瓦时，同比增长 1.3%；生活垃圾焚烧发电年发电量为 1084 亿千瓦时，同比增长 39.4%；沼气发电年发电量为 37 亿千瓦时，与 2020 年基本持平。

年平均利用小时数下降。 2021 年，全国生物质发电年平均利用小时数 4804 小时，同比减少 350 小时，下降 6.8%。其中，农林生物质发电年平均利用小时数 3632 小时，同比减少 816 小时，下降 18.5%；生活垃圾焚烧发电年平均利用小时数 5752 小时，同比减少 98 小时，下降 1.7%；沼气发电年平均利用小时数 3468 小时，同比减少 1156 小时，下降 25.6%。

在建项目以垃圾焚烧发电为主。 截至 2021 年底，全国生物质发电累计在建容量 636 万千瓦。其中，垃圾焚烧发电 394 万千瓦，占比 61.9%；农林生物质发电 228 万千瓦，占比 35.9%；沼气发电 14 万千瓦，占比 2.2%。

1.4 技术装备

生物质发电核心装备实现国产化，部分达到国际先进水平。 目前，国内生物质发电主流工艺采用的锅炉全部实现国产化，其中循环流化床锅炉性能优越，与国外同类型设备相比，国产生物质锅炉在多品种秸秆混烧方面优势明显，燃料适应性强，有利于生物质电厂拓宽燃料来源、提高经济性，在装机容量和机组参数方面，我国生物质循环流化床锅炉直燃技术已经达到世界先进水平。

1.5 产业投资

建设投资持续增长，单位造价上涨明显。 2021年，生物质发电总投资1400亿元，同比增长15.0%。受新冠肺炎疫情、全球货币宽松、供需错配等因素影响，2021年钢材、有色金属、水泥等主要工业生产资料普遍上涨，导致2021年生物质发电单位造价成本较2020年提高8%以上。

2 政策法规篇
Policies and Regulations

2.1 建设管理

1. 补贴项目分类管理，推动产业高质量发展

2021年8月，国家发展改革委、财政部、国家能源局联合印发《2021年生物质发电项目建设工作方案》（发改能源〔2021〕1190号，以下简称《方案》），按照"以收定支、央地分担、分类管理、平稳发展"的总体思路，围绕"2021年补贴资金申报"和"生物质发电项目建设"两大主要任务，重点突出"分类管理"，推动生物质发电行业平稳健康发展。2021年，生物质发电补贴项目分为竞争性配置项目和非竞争性配置项目两类，安排中央补贴资金总额25亿元，其中用于安排非竞争性配置项目的中央补贴资金20亿元，用于安排竞争性配置项目的中央补贴资金5亿元（其中，安排农林生物质发电及沼气发电竞争性配置项目补贴资金3亿元、安排垃圾焚烧发电竞争性配置项目补贴资金2亿元）。

非竞争性配置项目包括两类：一是2020年1月20日（含）以后当年全部机组建成并网但未纳入2020年补贴范围的项目（纳入2020年补贴范围的生物质发电项目77个）；二是2020年底开工且2021年底前全部机组建成并网的项目（符合要求但未纳入的可结转至次年依序纳入）。将上述项目按照全部机组建成并网时间先后依续纳入中央补贴范围，并网时间项目相同的，按热电联产项目优先、装机容量小者优先纳入，直至所需补贴资金达到2021年安排中央补贴资金总额20亿元。

竞争性配置项目为2021年1月1日（含）以后当年新开工生物质发电项目。上述项目纳入规则与2020年不同，分为农林生物质发电和沼气发电、垃圾焚烧发电两类分别开展竞争性配置，按照补贴退坡幅度由高到低排序纳入补贴范围，退坡幅度相同的，热电联产项目优先，装机容量小者优先，直至所需中央补贴总额分别达到3亿元和2亿元。

补贴项目分类管理一方面保障了符合纳入要求但受制于中央补贴资金限制暂未被纳入2020年补贴范围的存量项目可以被有序纳入2021年补贴范围；另一方面则通过竞争性配置的方式推动2021年新开工项目通过技术进步提升项目运营质量，推动行业高质量发展。

2. 央地分担分类管理，有效保障项目稳定运行

《方案》首次明确央地分担规则，对 2020 年 9 月 11 日（含）以后全部机组并网项目（既包括非竞争性配置项目，也包括竞争性配置项目），中央补贴资金实行央地分担，且将按照不同的地区合理确定不同类型项目的中央支持比例。

2021 年首次启动中央和地方按照一定比例分担电价补贴的机制，一方面可以缓解中央补贴资金压力，让更多项目享受中央补贴资金支持；另一方面，不同地区确定不同中央支持比例的差异化政策有利于给予行业充分的空间适应市场化的发展和竞争。

3. 竞争配置分类管理，更好实现行业公平竞争

《方案》考虑到不同类型生物质发电项目的成本差异，首次提出分类竞争配置，将生物质发电项目分为两类（见图 2-1）分别开展竞争配置。

第一类为农林生物质发电和沼气发电类项目，该类项目成本相对较高，对补贴需求较高，《方案》在中央补贴资金分配和中央支持比例方面都有所倾斜。

第二类为垃圾焚烧发电项目，该类项目除中央补贴资金外，可以通过提高地方垃圾处理费提升项目经济性，项目发展较快，自 2017 年起全国垃圾焚烧发电装机规模已超过农林生物质发电，《方案》在制定中央补贴资金分配和中央支持比例时相对偏紧。各区域央地分担比例见表 2-1。

《方案》综合考虑不同类型项目经济成本，对不同类型的项目分别开展竞争配置，意在通过差异化手段合理运用竞争性配置推动产业技术进步和装备制造成本下降。

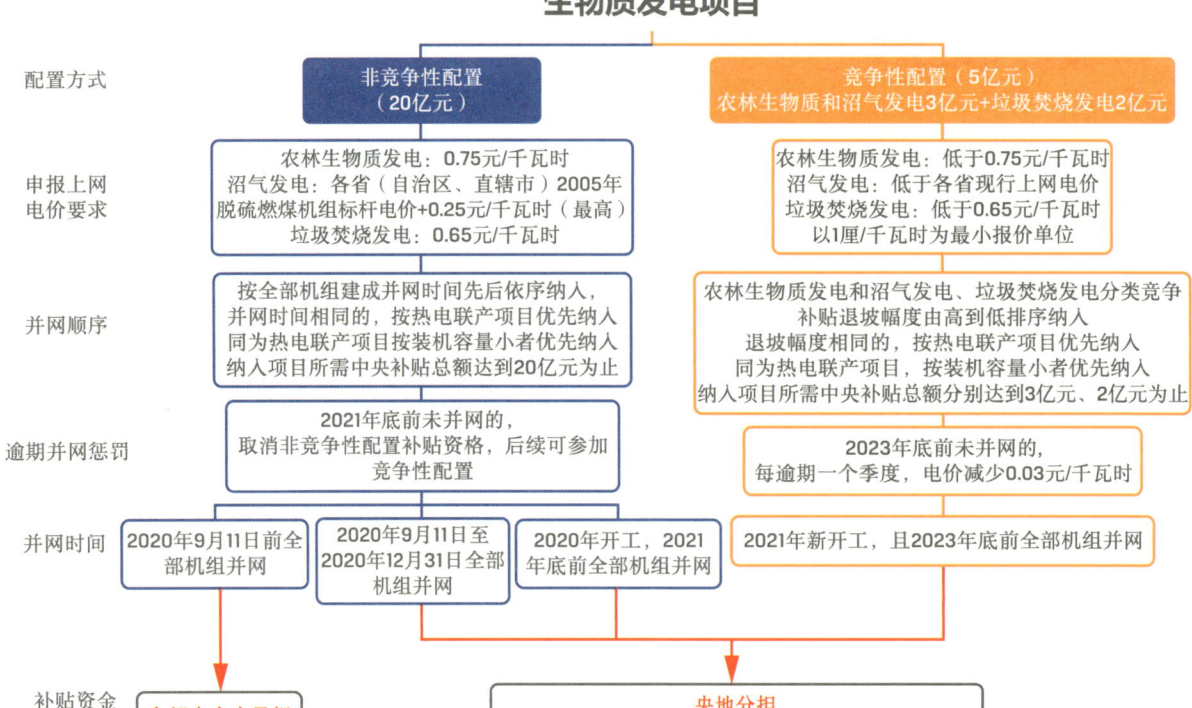

图 2-1 生物质发电项目分类管理

表 2-1 各区域生物质发电项目中央补贴支持比例

区域	省份	农林生物质发电和沼气发电项目	垃圾焚烧发电项目
西部和东北地区	内蒙古、辽宁、吉林、黑龙江、广西、海南、重庆、四川、贵州、云南、西藏、陕西、甘肃、青海、宁夏、新疆	80%	60%
中部地区	河北、山西、安徽、江西、河南、湖北、湖南	60%	40%
东部地区	北京、天津、上海、江苏、浙江、福建、山东、广东	40%	20%

2.2 生态环保

1 创新发展生物质能开发利用循环经济模式

2021年2月，国务院印发《关于加快建立健全绿色低碳循环发展经济体系的指导意见》（国发〔2021〕4号，以下简称《意见》），提出加快建立健全绿色低碳循环发展的经济体系，加快推进生态文明建设、落实"碳达峰、碳中和"目标。《意见》对于发展生物质能循环经济模式提出了三点要求：一是加快农业绿色发展，发展生态循环农业，提高畜禽粪污资源化利用水平，推进农作物秸秆综合利用。二是推动能源体系绿色低碳转型，因地制宜发展生物质能，推动农村发展生物质能，在北方地区县城积极发展清洁热电联产集中供暖，稳步推进生物质耦合供热。三是推进城镇环境基础设施建设升级，加快城镇生活垃圾处理设施建设，发展生活垃圾焚烧发电，减少生活垃圾填埋处理。

2. 全面推进生活垃圾焚烧设施建设

2021年5月，国家发展改革委、住房和城乡建设部联合印发《"十四五"城镇生活垃圾分类和处理设施发展规划》(发改环资〔2021〕642号，以下简称《规划》)。《规划》提出以推进生活垃圾减量化、资源化、无害化为着力点，补短板强弱项，着力解决城镇生活垃圾分类和处理设施存在的突出问题，加快建设分类投放、分类收集、分类运输、分类处理的生活垃圾处理系统。

到"十四五"末，直辖市、省会城市和计划单列市等46个重点城市生活垃圾分类和处理能力进一步提升；地级城市因地制宜基本建成生活垃圾分类和处理系统；京津冀及周边、长三角、粤港澳大湾区、长江经济带、黄河流域、生态文明试验区具备条件的县城基本建成生活垃圾分类和处理系统。

《规划》提出全面推进生活垃圾焚烧设施建设，到2025年底，全国城镇生活垃圾焚烧处理能力达到80万吨/日左右，城市生活垃圾焚烧处理能力占比65%左右。一是加强垃圾焚烧设施规划布局。统筹规划生活垃圾焚烧处理设施，依法依规做好生活垃圾焚烧项目选址工作，鼓励利用既有生活垃圾处理设施用地建设生活垃圾焚烧项目。二是持续推进焚烧处理能力建设。生活垃圾日清运量达到建设规模化垃圾焚烧处理设施条件的地区，可适度超前建设与生活垃圾清运量增长相适应的焚烧处理设施。不具备建设规模化垃圾焚烧处理设施条件的地区，可通过跨区域共建共享方式建设焚烧处理设施。城市建成区生活垃圾日清运量超过300吨的地区，加快建设焚烧处理设施。三是开展既有焚烧设施提标改造。全面排查评估现有焚烧处理设施运行状况和污染物排放情况，对于不能稳定达标排放的设施，要加快推进设施升级改造。鼓励有条件的地区按照高质量发展要求优化焚烧处理技术，完善污染物处理配套设施，逐步提高设施运行的环保水平。

3. 提升黄河流域城镇垃圾处理能力

2021年8月,国家发展改革委、住房和城乡建设部联合印发《"十四五"黄河流域城镇污水垃圾处理实施方案》(发改环资〔2021〕1205号,以下简称《实施方案》)。《实施方案》提出,到2025年,济南、泰安、郑州、西安、咸阳、兰州、西宁、银川等10个城市生活垃圾分类处理能力进一步提升;地级城市基本建成生活垃圾分类投放、分类收集、分类运输、分类处理系统;城市生活垃圾焚烧处理能力占比达到65%左右,资源化利用率达到60%左右。

《实施方案》针对黄河流域城镇生活垃圾处理任务提出:一是推广生活垃圾焚烧处理。按照适度超前原则,推进生活垃圾焚烧处理设施建设,加快推进不能稳定达标排放设施升级改造,探索开展小型生活垃圾焚烧设施试点。"十四五"期间,黄河流域新增生活垃圾焚烧处理能力约2.8万吨/日,改造存量生活垃圾处理设施不少于70个。二是规范垃圾填埋处理。黄河流域地级及以上城市和具备焚烧处理能力或建设条件的县城,原则上不再新建原生垃圾填埋设施。青海、甘肃、内蒙古等省(区)人口稀疏地区,可适度规划建设符合标准的兜底保障填埋设施。三是加强生活垃圾资源化利用。鼓励生活垃圾焚烧余热梯级利用,考虑区域热负荷需求,优先采用热电联产模式。鼓励生活垃圾焚烧处理设施就地或就近建设焚烧炉渣资源化利用设施。具备条件的生活垃圾填埋设施,鼓励填埋气收集和综合利用。"十四五"期间,黄河流域新建生活垃圾资源化利用项目50个。

2.3 行业监测

为进一步推动可再生能源发电项目开发建设,确保实现全年开发建设目标,2021年7月,国家能源局综合司印发《关于开展可再生能源发电项目开发建设按月调度的通知》(以下简称《通知》),建立可再生能源发电项目开发建设按月调度机制,对可再生能源发电项目从核准(审批、备案)、开工、建设、并网到投产进行全过程调度。

《通知》要求,自2021年8月起,各省级能源主管部门、各主要中央发电企业于每月15日前分别将本省(区、市)、本企业可再生能源发电项目上月开发建设情况统计汇总后直报国家能源局。电网公司每月15日前将负责范围内的可再生能源项目上月开发建设情况报国家能源局。各省级能源主管部门要组织本省可再生能源项目开发建设单位依托国家可再生能源信息管理中心可再生能源发电项目信息管理系统及时填报可再生能源发电项目开发建设情况。国家可再生能源信息管理中心每月20日前要根据上月全国可再生能源电力开发建设情况形成月度监测评估报告报国家能源局。

2.4 财税金融

1. 安排中央预算内投资支持行业发展

2021年5月，国家发展改革委下达《关于印发〈污染治理和节能减碳中央预算内投资专项管理办法〉的通知》（发改环资规〔2021〕655号，以下简称《通知》），提出"继续统筹安排污染治理和节能减碳中央预算内投资支持资金，坚持'一钱多用'，积极支持国家重大战略实施过程中符合条件的项目"。其中，重点支持内容包括城镇生活垃圾分类和处理基础设施、秸秆综合利用及收储运体系建设项目等。

根据《通知》，对城镇生活垃圾分类和处理项目，中央预算内投资支持比例按东、中、西和东北地区分别不超过项目总投资的30%、45%、60%、60%控制，单个项目支持金额原则上不超过5000万元，其中西藏及四省涉藏州县、南疆四地州、甘肃临夏州、四川凉山州、云南怒江州等地区城镇生活垃圾处理设施原则上全额补助；对于秸秆（农林剩余物）综合利用项目，中央预算内投资支持比例不超过项目总投资的30%，秸秆收储运体系建设项目不超过15%。

2. 探索多元化融资渠道

2021年3月，国家发展改革委等五部门联合发布了《关于引导加大金融支持力度促进风电和光伏发电等行业健康有序发展的通知》（发改运行〔2021〕266号），规定"金融机构按照市场化、法治化原则自主发放补贴确权贷款。已纳入补贴清单的可再生能源项目所在企业，对已确权应收未收的财政补贴资金，可申请补贴确权贷款"。通过补贴确权信贷产品的灵活设计，可以切实解决企业在生物质燃料采购方面对流动运营资金的迫切需求，缓解企业因财政补贴缺口大、时间长而产生贷款还本付息的经营压力。2021年10月，工商银行山东省分行为枣庄某生物质发电公司发放3000万元"可再生能源补贴确权贷款"，成为工行系统内首笔生物质发电企业可再生能源补贴确权贷款。

3 通过碳减排支持工具促进行业发展

2021年11月，人民银行正式推出碳减排支持工具，通过向符合条件的金融机构提供低成本资金，支持金融机构为具有显著碳减排效应的重点项目提供优惠利率融资。碳减排支持工具发放资金采用"先贷后借"的直达机制，金融机构按照风险自担、保本微利原则，自主决策发放碳减排贷款后，即可向人民银行申请碳减排支持工具。人民银行按照碳减排贷款本金的60%向金融机构提供工具资金，期限1年，可展期2次，利率为1.75%，碳减排支持工具实施期暂定为2021年和2022年。本次碳减排支持工具所支持的重点领域包括清洁能源、节能环保、碳减排技术三个领域，共23个子领域。具体包括生物质能源利用设施建设和运营、风力发电设施建设和运营、太阳能利用设施建设和运营、地热能利用设施建设和运营等具有显著碳减排效应的项目。

4 REITs助推垃圾焚烧发电平稳发展

2021年6月，国家发展改革委印发《关于进一步做好基础设施领域不动产投资信托基金（REITs）试点工作的通知》（发改投资〔2021〕958号），积极推动基建REITs试点落地。根据国家发展改革委办公厅发布的《关于做好基础设施领域不动产投资信托基金（REITs）试点项目申报工作的通知》（发改办投资〔2020〕586号），REITs优先支持基础设施补短板项目，固废危废处理等污染治理项目属于REITs重点行业。2021年5月，首批9单基础设施公募REITs项目在交易所审核通过，项目涵盖生物质能源（生活垃圾焚烧、餐厨项目）、污水处理、收费公路、产业园和仓储物流五大类主流基础设施项目类型。

垃圾焚烧发电行业发展迅速，市场需求旺盛，作为重资产业务的垃圾焚烧发电行业的融资诉求较强。此外，垃圾焚烧处置业务本质上是公用事业，行业需求较为稳定，受经济波动的影响较小，且垃圾焚烧项目与地方政府合同中往往包含调价政策，盈利能力稳定，垃圾焚烧发电项目未来有望成为REITs发行的优质资产。垃圾焚烧REITs项目的顺利实施，不仅有利于降低存量项目杠杆率，提高资产周转效率，有效缓解行业补贴回款压力，而且有助于加强行业监管，推动行业经营管理水平的提高。

3 开发应用篇
Development and Application

3.1 生物质资源

我国生物质资源丰富，总量约45.3亿吨，其中农作物秸秆总量约7.9亿吨、畜禽养殖粪污约30.5亿吨、林业剩余物约3.4亿吨、生活垃圾约3.0亿吨、其他有机废弃物约0.5亿吨。生物质资源构成见图3-1。

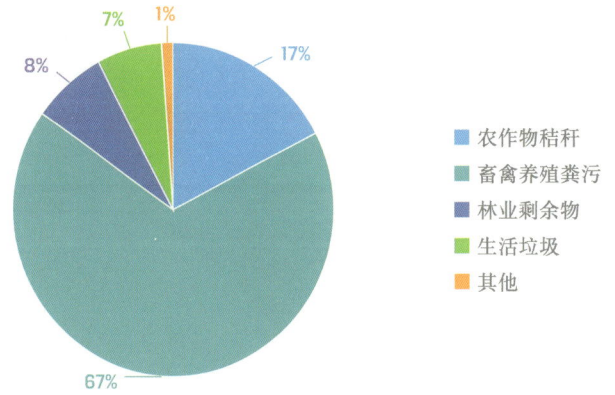

图 3-1 生物质资源构成

在地域分布上，生物质资源主要集中在中东南部地区，按照单位面积生物质能折合标准煤量分析，农林生物质在河南、山东、吉林等农业大省资源密度较高，生活垃圾在上海、北京、广东、江苏、浙江等发达地区和人口大省资源密度较高。农林生物质资源密度与分布见图3-2。生活垃圾和餐厨垃圾资源密度与分布见图3-3。

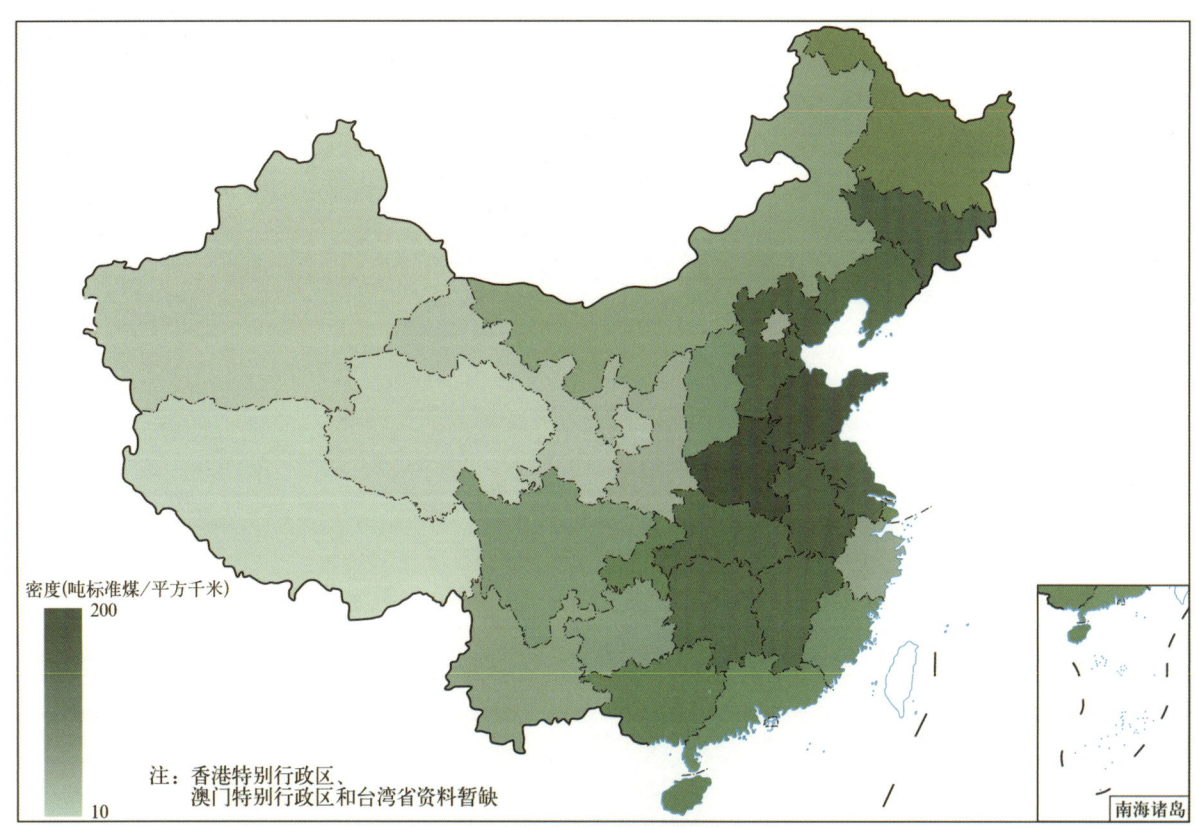

图 3-2 农林生物质资源密度与分布

开发应用篇
Development and Application

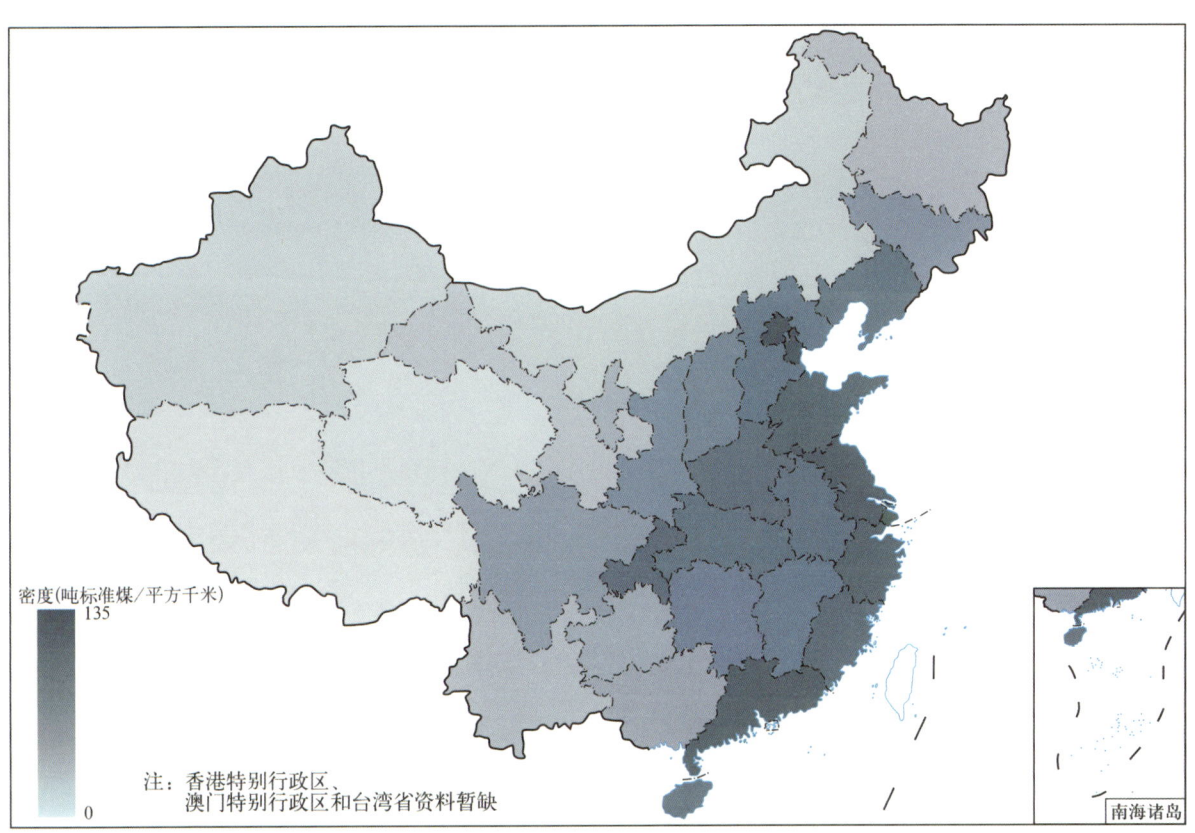

图 3-3　生活垃圾和餐厨垃圾资源密度与分布

3.2　资源开发利用情况

　　2021 年，中国生物质能商业化开发利用规模约 5740 万吨标准煤，约占生物质能总量的 9.3%，能源化利用是生物质资源综合利用的重要手段。生物质能开发利用量结构见图 3-4。其中，生物质发电利用折合标准煤约 4173 万吨，占已开发量的 72.7%；生物天然气利用折合标准煤约 26 万吨，占已开发量的 0.5%；生物质固体燃料利用折合标准煤约 1100 万吨，占已开发量的 19.1%；生物质液体燃料利用折合标准煤约 440 万吨，占已开发量的 7.7%。生物质能已开发利用量结构见图 3-5。

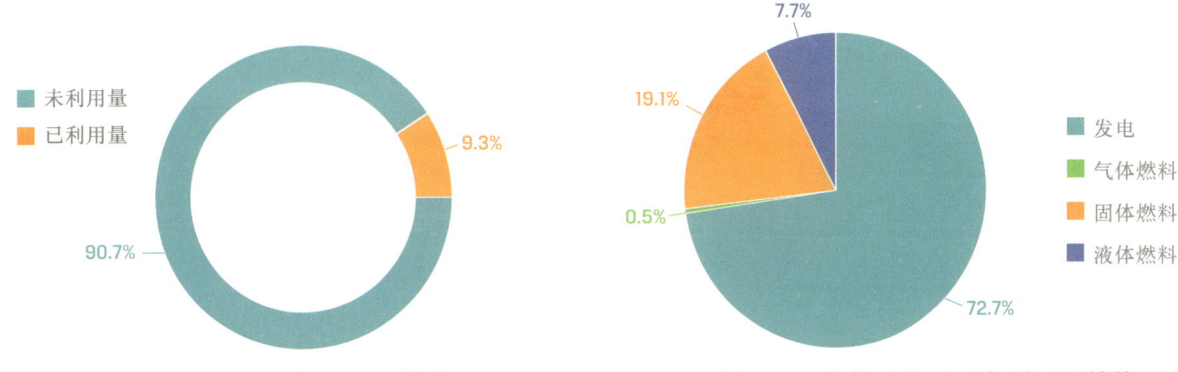

图 3-4　生物质能开发利用量结构　　　　图 3-5　生物质能已开发利用量结构

3.3 建设运行情况

1 总体情况

(1) 并网情况

新增装机容量再创新高。 2021年，受城镇化发展、人民生活水平提高及政策因素推动，全国生物质发电新增并网装机容量创历史新高，达到808万千瓦，同比增长约48.8%。其中，农林生物质发电215万千瓦、垃圾焚烧发电580万千瓦、沼气发电13万千瓦。分类型来看，增长速度最快的是垃圾焚烧发电，同比增长约86.4%；农林生物质发电和沼气发电新增并网装机容量较上年基本持平。2016—2021年生物质发电新增并网装机容量变化趋势见图3-6。

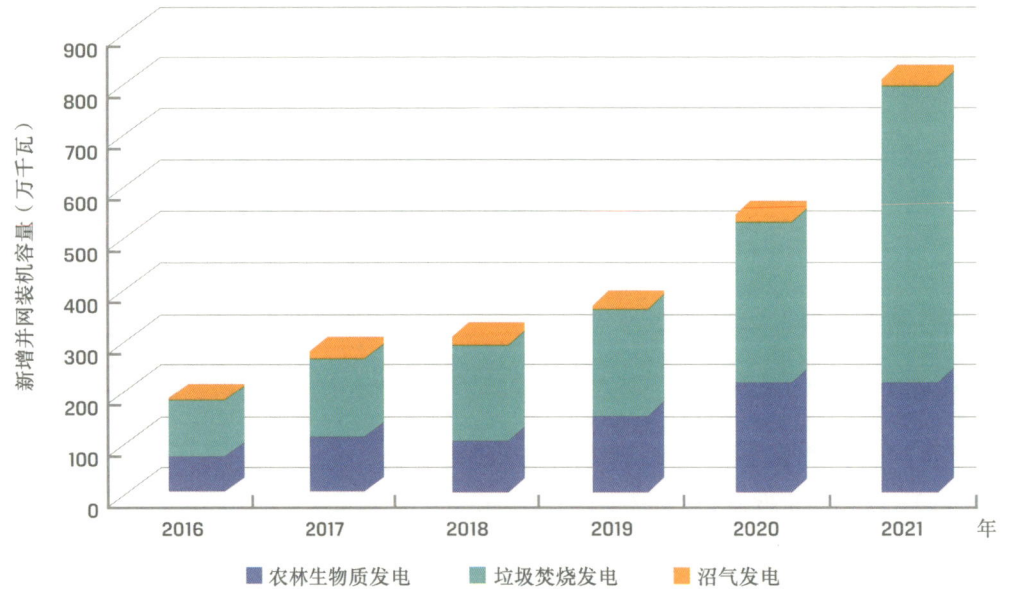

图3-6 2016—2021年生物质发电新增并网装机容量变化趋势

分省（区、市）来看，生物质发电新增并网装机主要分布在河北、河南、黑龙江、山东、浙江、广东、江苏、江西和四川，年新增并网装机容量均超过30万千瓦，九省生物质发电新增并网装机之和占全国生物质发电新增并网装机的67.0%。2021年生物质发电新增并网装机分布见图3-7。

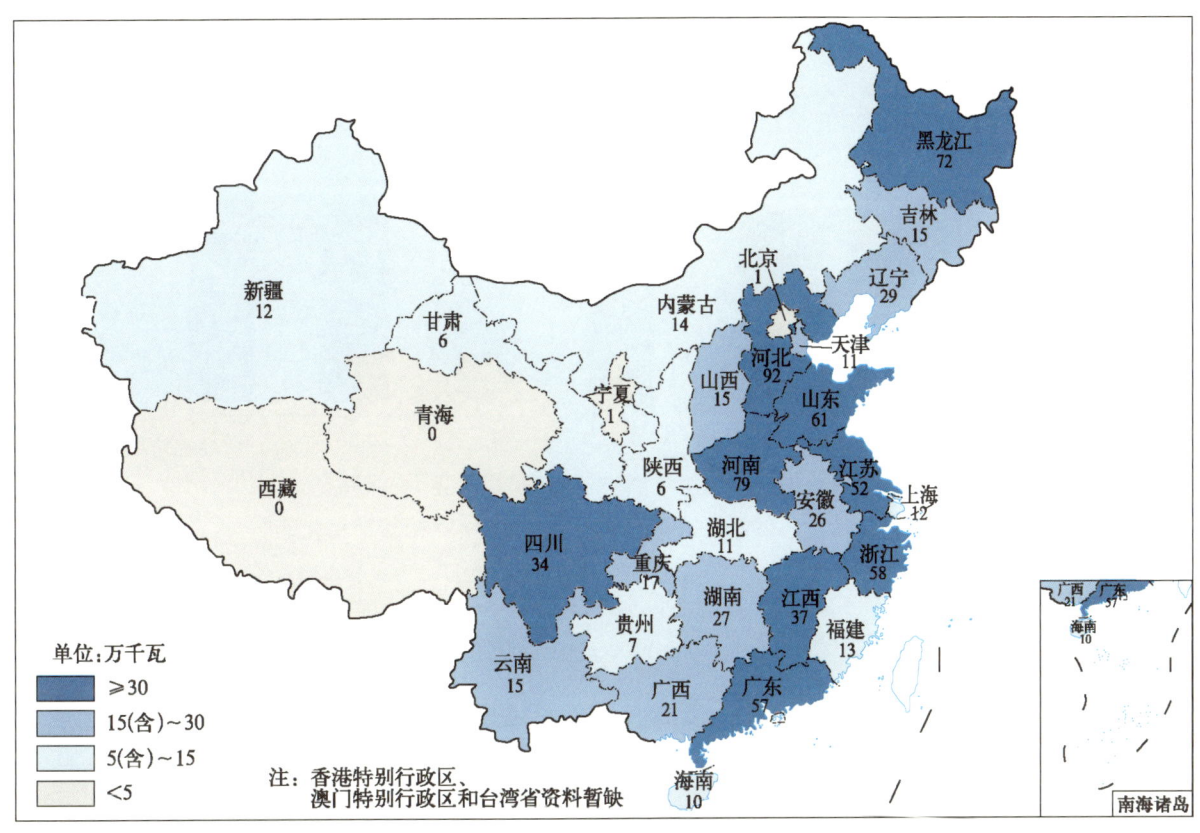

图 3-7　2021 年生物质发电新增并网装机分布

在热电联产转型升级方面，初步统计，新增并网热电联产项目装机占新增并网生物质发电装机的 28.5%。在新增并网热电联产项目中，农林生物质热电联产项目装机占比约 89.3%，垃圾焚烧热电联产项目装机占比约 7.7%，沼气热电联产项目装机占比约 8.6%。农林生物质热电联产项目主要分布在黑龙江、山东和河南等农业大省，三省农林生物质热电联产项目装机占农林生物质发电热电联产项目总装机的 52.9%。

累计装机持续增长。 截至 2021 年底，全国生物质发电累计并网装机容量达到 3798 万千瓦，同比增长 27.0%。其中，农林生物质发电 1559 万千瓦，同比增长约 16.9%；垃圾焚烧发电 2129 万千瓦，同比增长约 38.9%；沼气发电 111 万千瓦，同比增长约 23.4%。生物质发电累计并网装机约占全部电源总装机的 1.6%，同比提升 0.3 个百分点。中国生物质发电累计并网装机已连续 4 年全球第一。2016—2021 年生物质发电累计并网装机容量变化趋势见图 3-8。

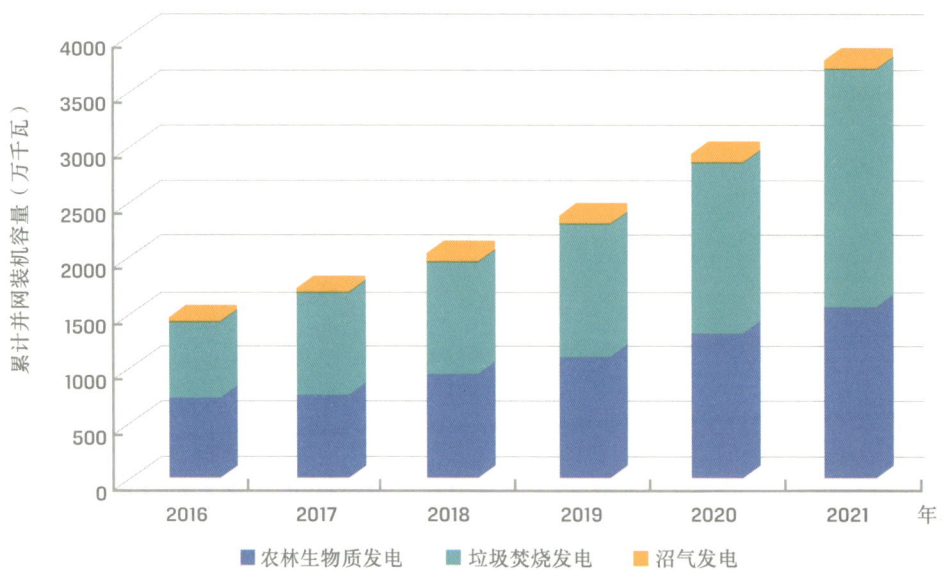

图 3-8　2016—2021 年生物质发电累计并网装机容量变化趋势

分省（区、市）来看，生物质发电累计并网装机主要分布在人口较多、城市生活垃圾资源相对丰富的中东南部地区。排名前五的省份分别是山东、广东、浙江、江苏和安徽，累计并网装机容量均超过 230 万千瓦，五省生物质发电累计并网装机之和占全国生物质发电累计并网装机的 41.9%。2021 年生物质发电累计并网装机分布见图 3-9。

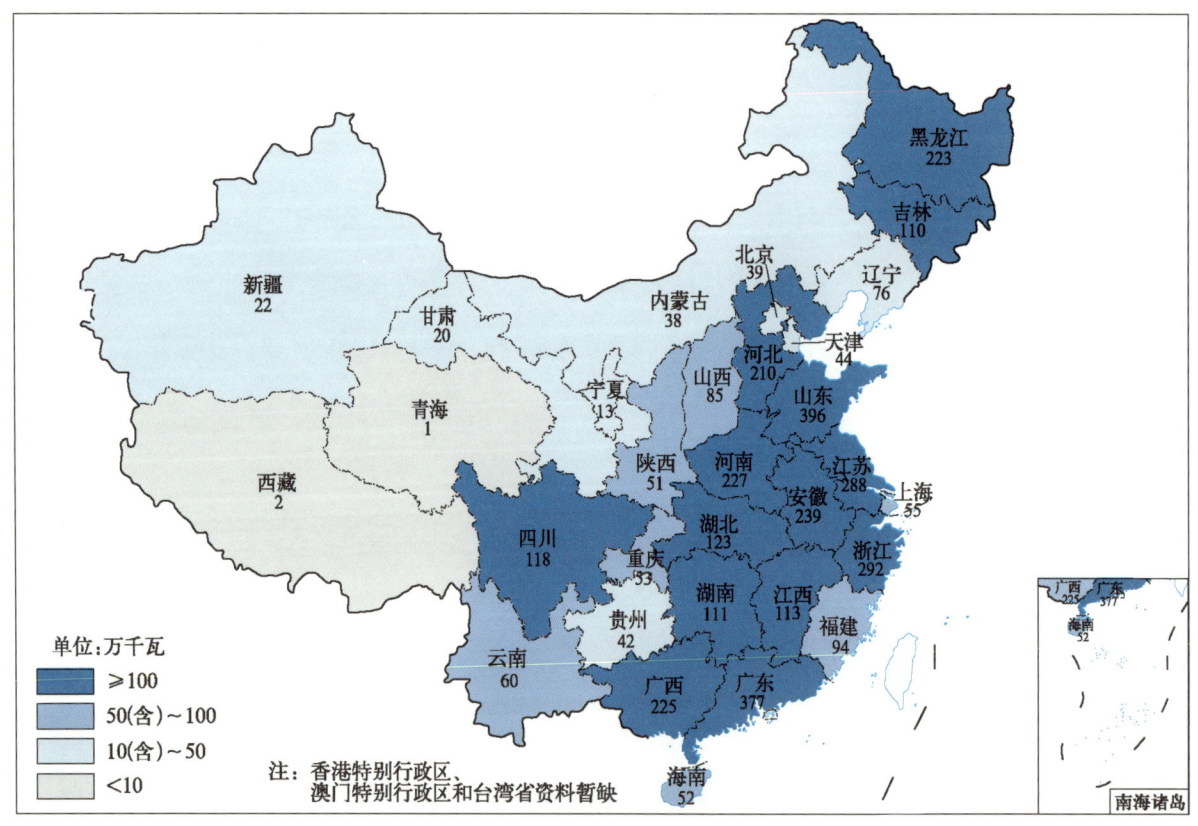

图 3-9　2021 年生物质发电累计并网装机分布

(2) 在建情况

在建项目以垃圾焚烧发电为主。 截至 2021 年底，全国生物质发电累计在建容量 636 万千瓦。其中，垃圾焚烧发电 394 万千瓦，占比 61.9%；农林生物质发电 228 万千瓦，占比 35.9%；沼气发电 14 万千瓦，占比 2.2%。分省（区、市）来看，除天津和西藏无在建项目外，其余各省（区、市）均有在建项目。在建项目主要集中在黑龙江和河北，在建容量均超过 45 万千瓦，两省份在建容量之和占全国生物质发电累计在建容量的 21.3%；江苏、河南、吉林、辽宁和湖北为第二梯队，在建容量均超过 30 万千瓦，五省在建容量之和占全国生物质发电累计在建容量的 28.1%；上海、内蒙古、山西、广西、广东和福建为第三梯队，在建容量均在 20 万千瓦及以上，六省（区、市）在建容量之和占全国生物质发电累计在建容量的 22.0%。截至 2021 年底生物质发电在建容量分布情况见图 3-10。

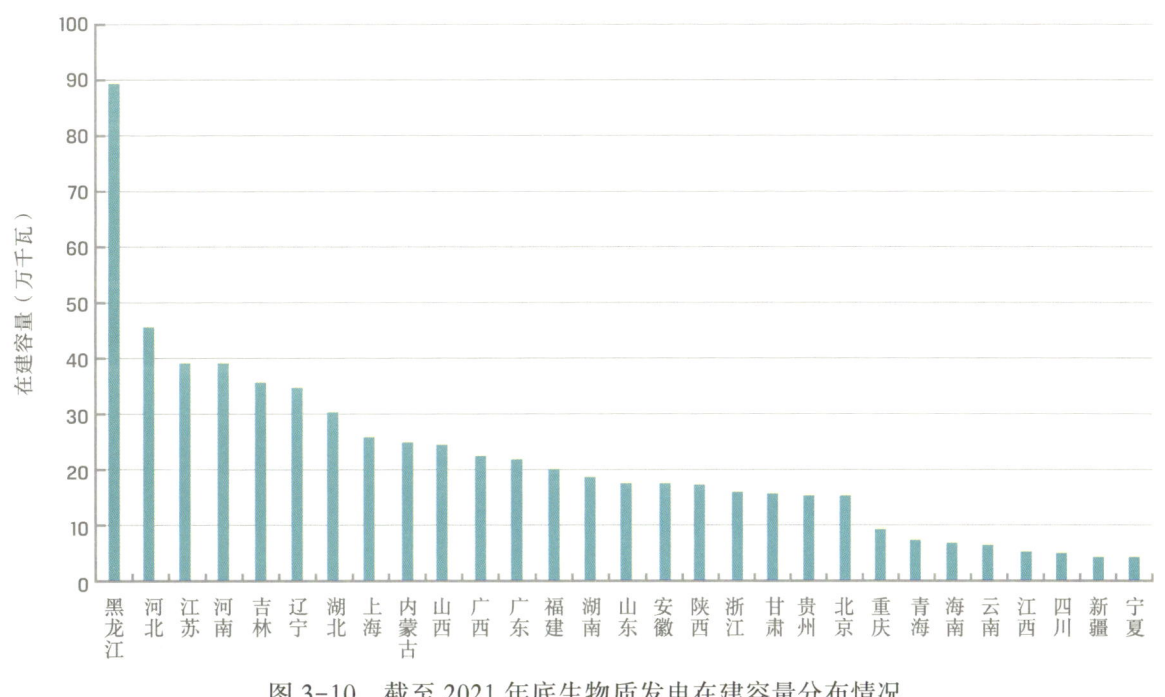

图 3-10　截至 2021 年底生物质发电在建容量分布情况

(3) 运行情况

发电量持续提升。 2021 年，全国生物质发电年发电量达到 1637 亿千瓦时，同比增长约 23.6%；占总发电量比重达到 2.0%，同比提高 0.3 个百分点。其中，农林生物质发电年发电量达到 516 亿千瓦时，同比增长约 1.3%；垃圾焚烧发电年发电量达到 1084 亿千瓦时，同比增长约 39.4%；沼气发电年发电量达到 37 亿千瓦时，与上年同期基本持平。2016—2021 年各类型生物质发电年发电量变化趋势和生物质发电量在全国总发电量中的占比情况见图 3-11 和图 3-12。

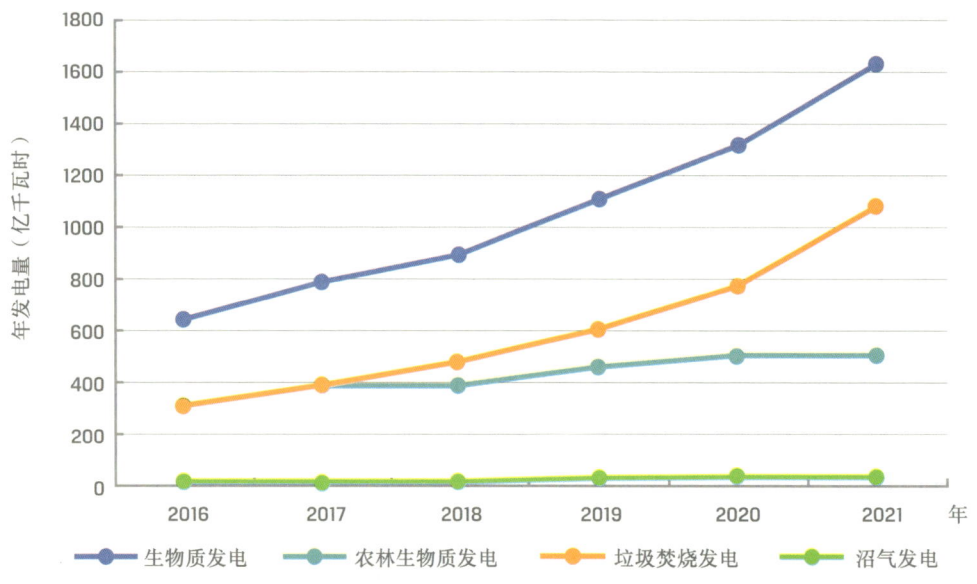

图 3-11　2016—2021 年各类型生物质发电年发电量变化趋势

图 3-12　2016—2021 年生物质发电量在全国总发电量中的占比情况

年发电利用小时数不同程度下降。 2021 年，全国生物质发电年平均利用小时数 4804 小时，同比减少 350 小时。其中，农林生物质发电年平均利用小时数 3632 小时，同比减少 816 小时；垃圾焚烧发电年平均利用小时数 5752 小时，同比减少 98 小时；沼气发电年平均利用小时数 3468 小时，同比减少 1156 小时。生物质发电年平均利用小时数下降的原因主要有三个方面：一是部分机组存在关停或者退役的情况；二是原料供应的季节性变化、项目流动资金不足导致原料供应紧缺；三是部分投产较早的项目已经超过全生命周期利用小时数，燃煤标杆电价难以覆盖其度电成本，导致项目停产。2016—2021 年生物质发电年平均利用小时数变化情况见图 3-13。

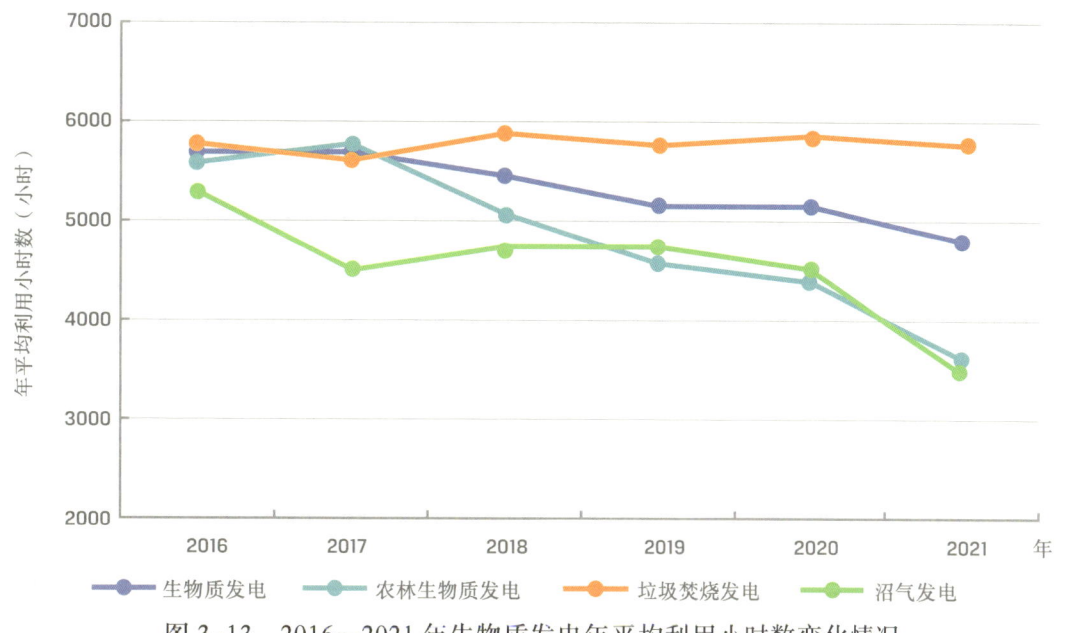

图 3-13　2016—2021 年生物质发电年平均利用小时数变化情况

2　农林生物质发电情况

（1）并网情况

农林生物质发电装机规模保持稳步增长。 2021 年，全国农林生物质发电新增并网装机容量 215 万千瓦，与上年新增量基本持平。截至 2021 年底，全国农林生物质发电累计并网装机容量 1559 万千瓦，同比增长 16.9%，占全国可再生能源发电总装机的 1.9%。受项目投资成本高、原料收储运成本高等因素影响，农林生物质发电累计并网装机在生物质发电总装机中的比例逐年下降，2021 年占比为 41.0%，较 2016 年下降约 10 个百分点。2016—2021 年农林生物质发电并网容量变化趋势见图 3-14。

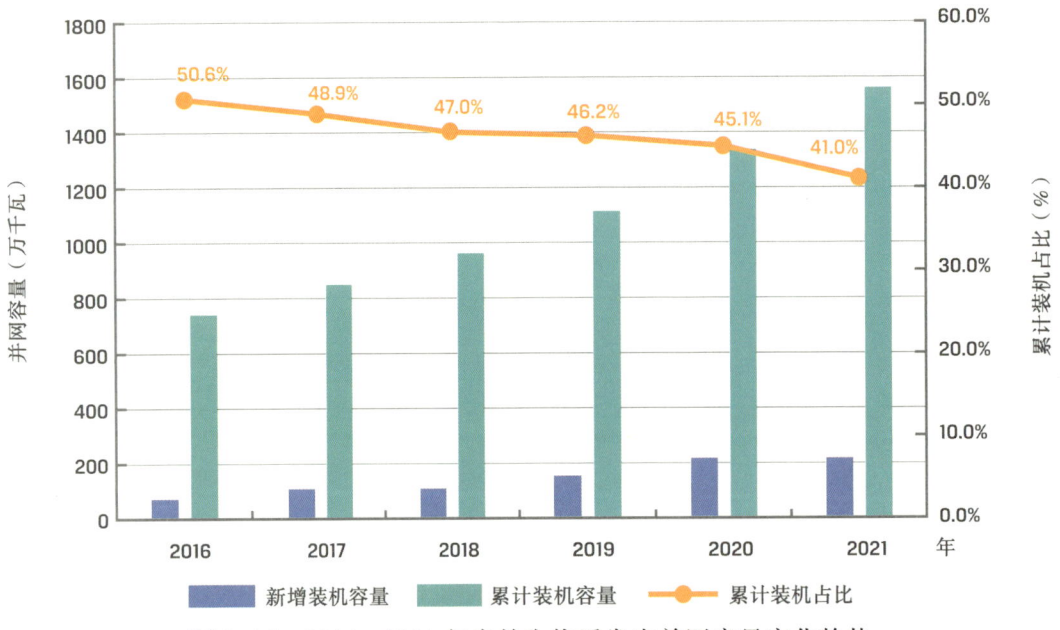

图 3-14　2016—2021 年农林生物质发电并网容量变化趋势

分省（区、市）来看，农林生物质发电新增并网装机主要分布在黑龙江、河南和山东，三省新增并网装机容量均超过 15 万千瓦，三省新增并网装机之和占全国农林生物质发电新增并网装机的 53.4%。农林生物质发电累计并网装机主要分布在黑龙江、广西、山东、安徽和河南，五省农林生物质发电累计并网装机容量均超过 120 万千瓦，五省累计并网装机之和占全国农林生物质发电累计并网装机的 54.6%。总体来看，农林生物质发电新增和累计并网装机均主要集中在农作物较为丰富的地区。2021 年主要省份农林生物质发电新增并网装机情况和累计并网装机情况见图 3-15 和图 3-16。

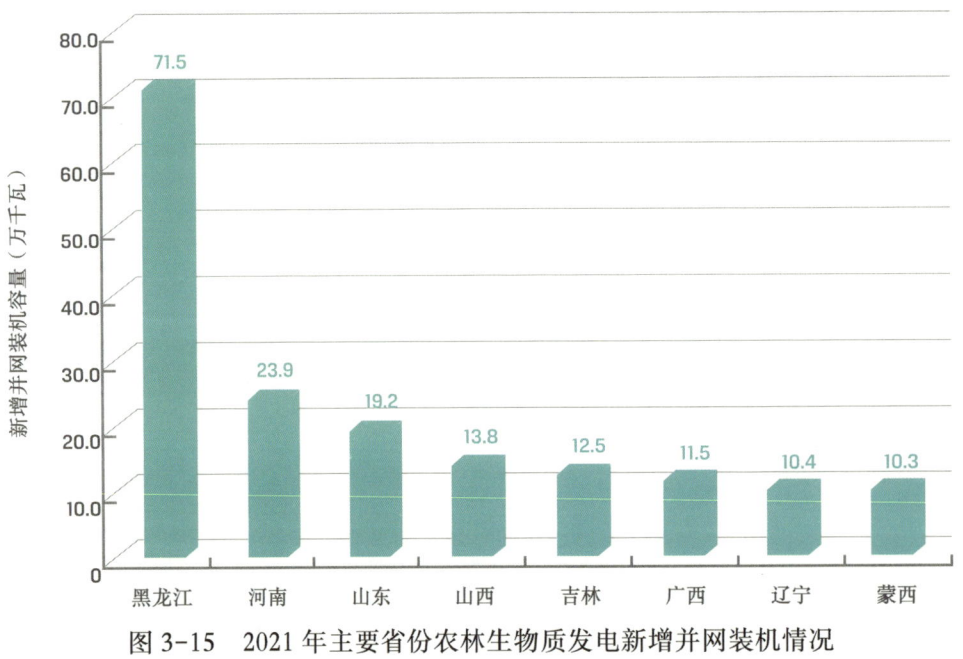

图 3-15　2021 年主要省份农林生物质发电新增并网装机情况

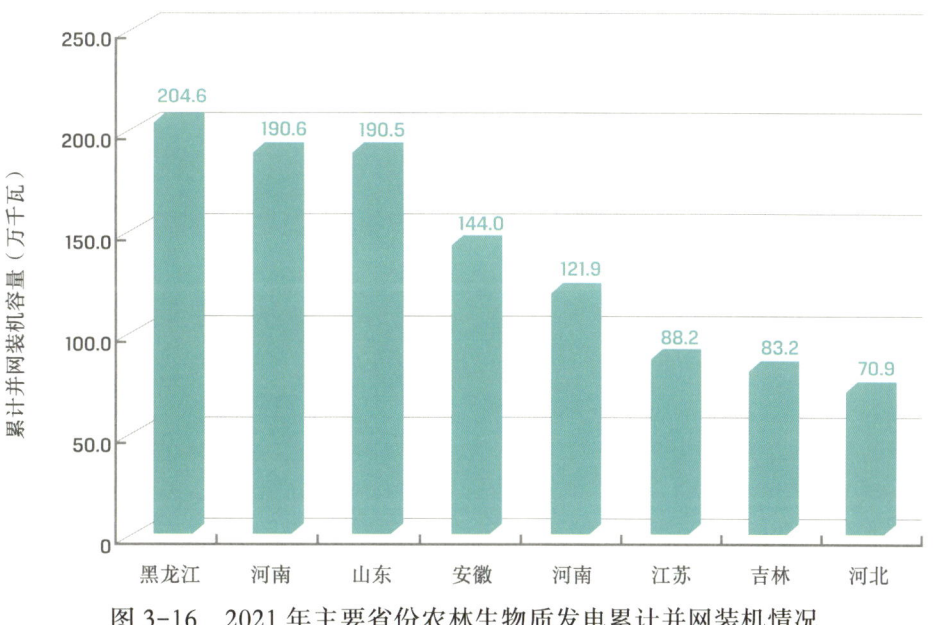

图 3-16　2021 年主要省份农林生物质发电累计并网装机情况

（2）在建情况

农林生物质发电在建项目主要集中在农林资源丰富的东北三省。 截至 2021 年底，全国农林生物质发电在建容量 228 万千瓦，主要分布在黑龙江、吉林、辽宁、河北、内蒙古、山东和浙江，七省（区）在建容量均超过 10 万千瓦，七省（区）在建容量之和占全国农林生物质发电累计在建容量的 79.3%，其中，得益于丰富的农林资源条件，东北三省农林生物质发电在建容量最多，在建容量之和占全国农林生物质发电累计在建容量的 55.1%。截至 2021 年底农林生物质发电在建容量分布见图 3-17。

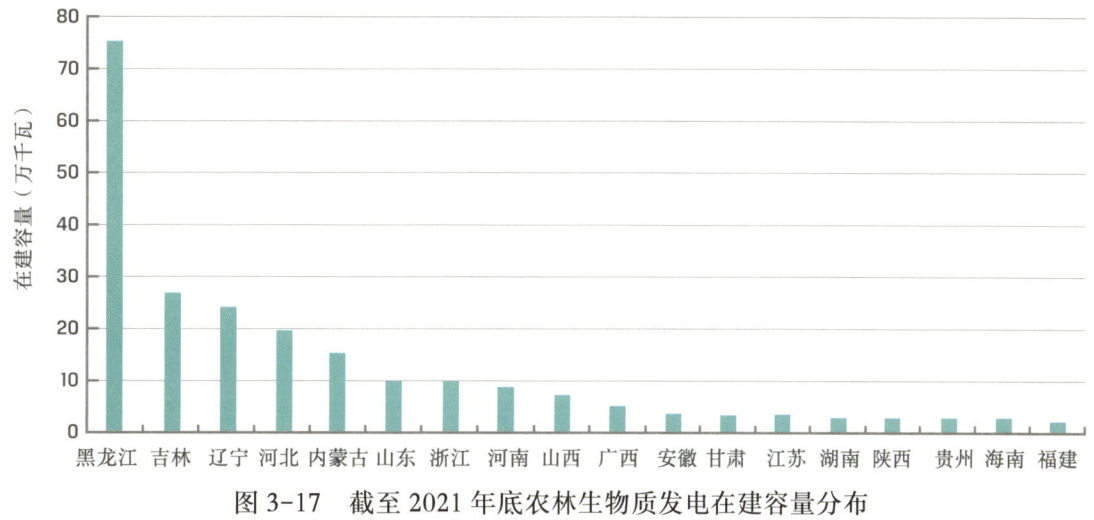

图 3-17　截至 2021 年底农林生物质发电在建容量分布

(3) 运行情况

农林生物质发电年发电量占比逐年下降。 2021年，全国农林生物质发电年累计发电量516亿千瓦时，同比增长1.3%，占全国总发电量的0.6%。总体来看，农林生物质发电量在生物质发电总发电量中的比例呈现逐年下降趋势，2021年为31.5%，较2016年下降17.3个百分点。2016—2021年农林生物质发电年发电量变化情况见图3-18。

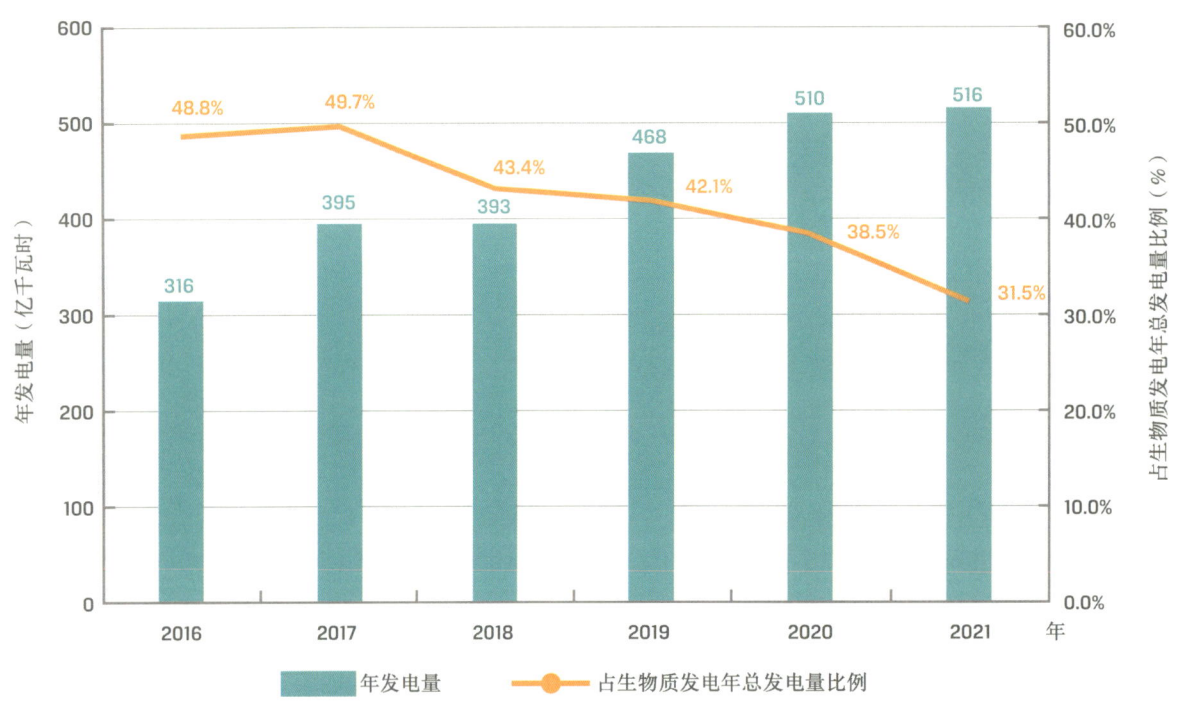

图3-18 2016—2021年农林生物质发电年发电量变化情况

农林生物质发电年平均利用小时数持续下降。 2021年，全国农林生物质发电年平均利用小时数3632小时，同比降低816小时，已经连续5年下降。受新冠肺炎疫情等因素的持续影响，农林生物质原料收集难度大，项目运行受到影响。同时，部分项目由于经营不善导致停产，多因素影响拉低了农林生物质发电年利用小时数整体水平。分省（区、市）来看，全国仅有贵州、湖南、广西、陕西、广东和甘肃6个省（区）年平均利用小时数同比有所提高，19个省（区、市）年平均利用小时数有所下降。

3 垃圾焚烧发电情况

(1) 并网情况

垃圾焚烧发电规模占比持续提升。 2021年，全国垃圾焚烧发电新增并网装机容量580万千瓦，同比增长86.4%。截至2021年底，全国垃圾焚烧发电累计并网装机容量2129万千瓦，同比增长38.9%。垃圾焚烧发电累计并网装机容量占生物质发电总并网容量的比例持续提升，从2016年的47.0%提高至2021年的56.0%，同比提高9个百分点，垃圾焚烧发电的主力军地位进一步提升。2016—2021年垃圾焚烧发电并网容量变化趋势见图3-19。

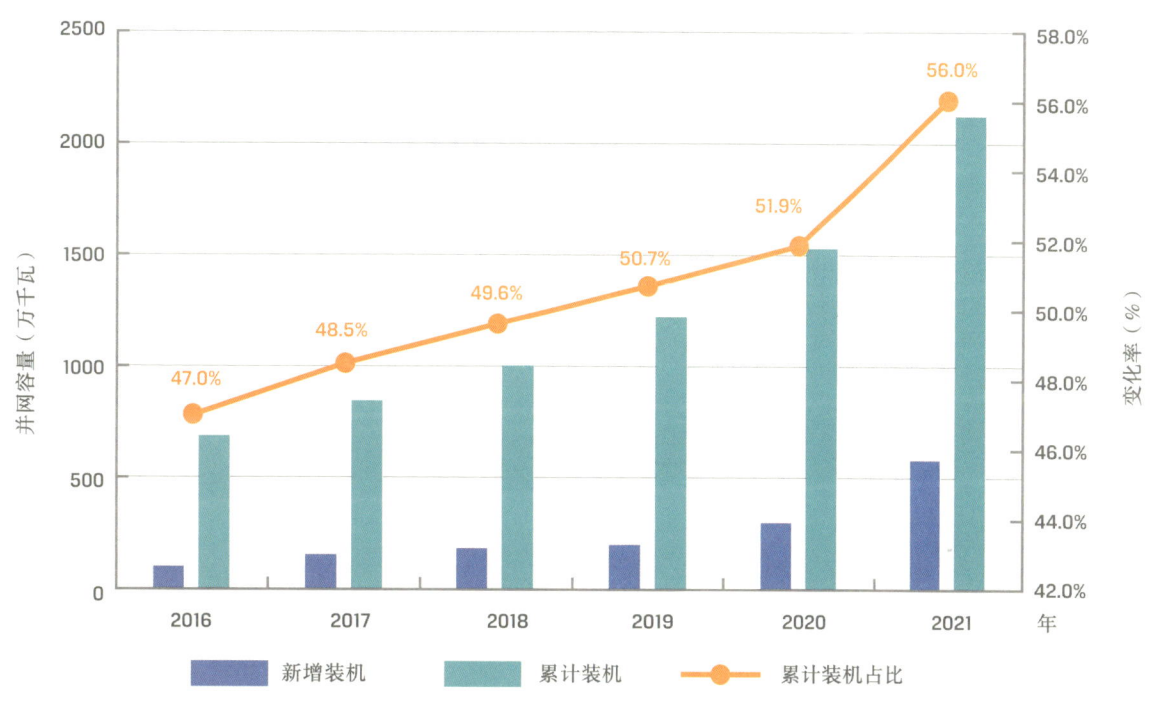

图3-19　2016—2021年垃圾焚烧发电并网容量变化趋势

分省（区、市）来看，垃圾焚烧发电主要分布在常住人口较多且经济较为发达的中东南部地区。新增并网装机较多的省份为河北、浙江和河南，新增并网装机容量均超过50万千瓦，三省新增并网装机之和占全国垃圾焚烧发电新增并网装机的34.5%。累计并网装机较多的省份为广东、浙江、山东、江苏和河北，累计并网装机容量均超过100万千瓦，五省累计并网装机之和占全国垃圾焚烧发电累计并网装机的50.9%。2021年主要省份垃圾焚烧发电新增并网装机和累计并网装机情况见图3-20和图3-21。

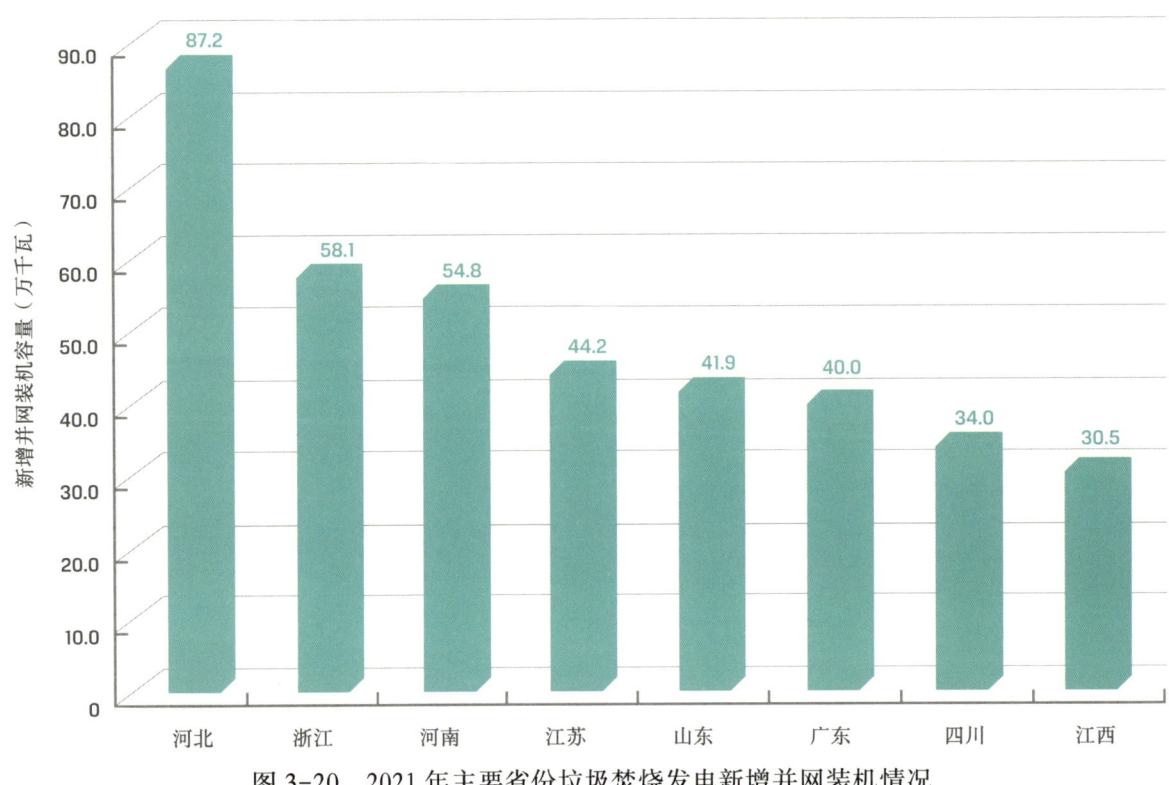

图 3-20　2021 年主要省份垃圾焚烧发电新增并网装机情况

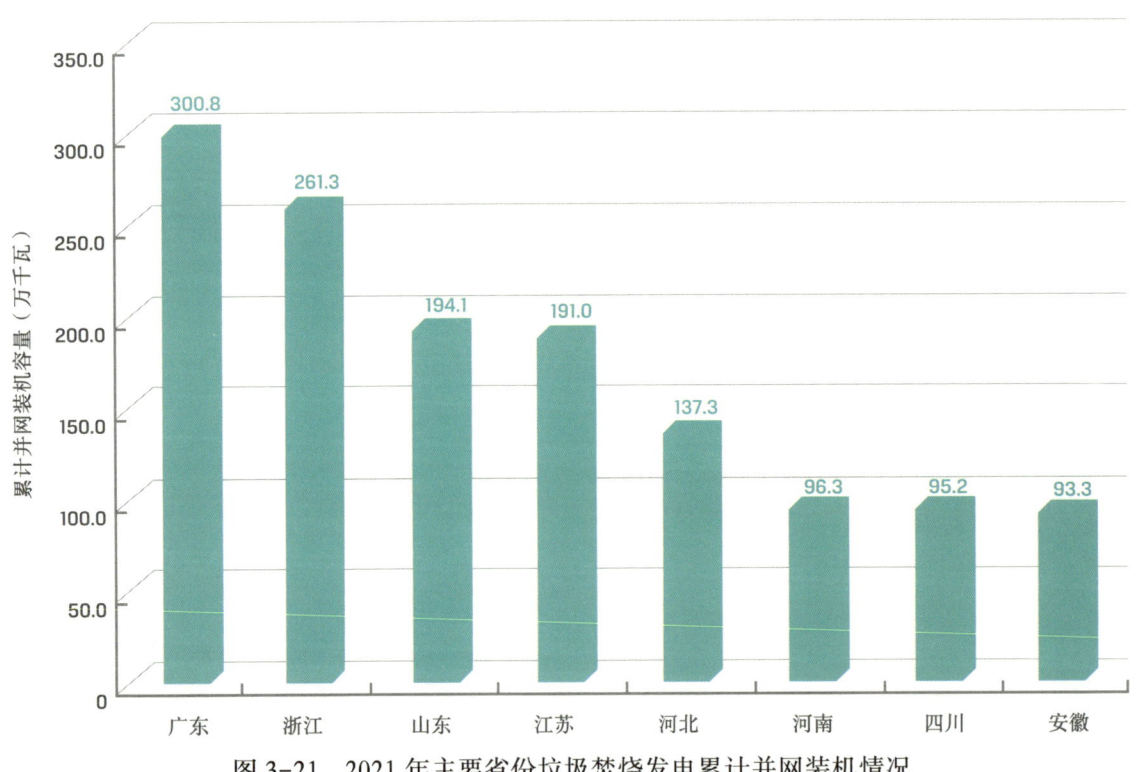

图 3-21　2021 年主要省份垃圾焚烧发电累计并网装机情况

(2) 在建情况

垃圾焚烧发电主要集中在人口大省。截至 2021 年底，全国垃圾焚烧发电在建容量 394 万千瓦。从省（区、市）分布来看，全国 29 个省（区、市）均有在建项目，其中，江苏和河南在建容量均超过 30 万千瓦，两省在建容量之和占全国垃圾焚烧发电累计在建容量的 16.6%。在垃圾焚烧发电行业发展过程中，各省（区、市）垃圾焚烧发电项目的建设推进情况受其自身财政状况、土地使用强度、垃圾收运体系建设等因素影响而有所不同。江苏和河南等省人口众多，生活垃圾资源丰富，随着环卫收运体系的进一步健全以及垃圾清运量的逐步提升，其垃圾焚烧发电项目市场空间较为广阔。截至 2021 年底垃圾焚烧发电在建容量分布情况见图 3-22。

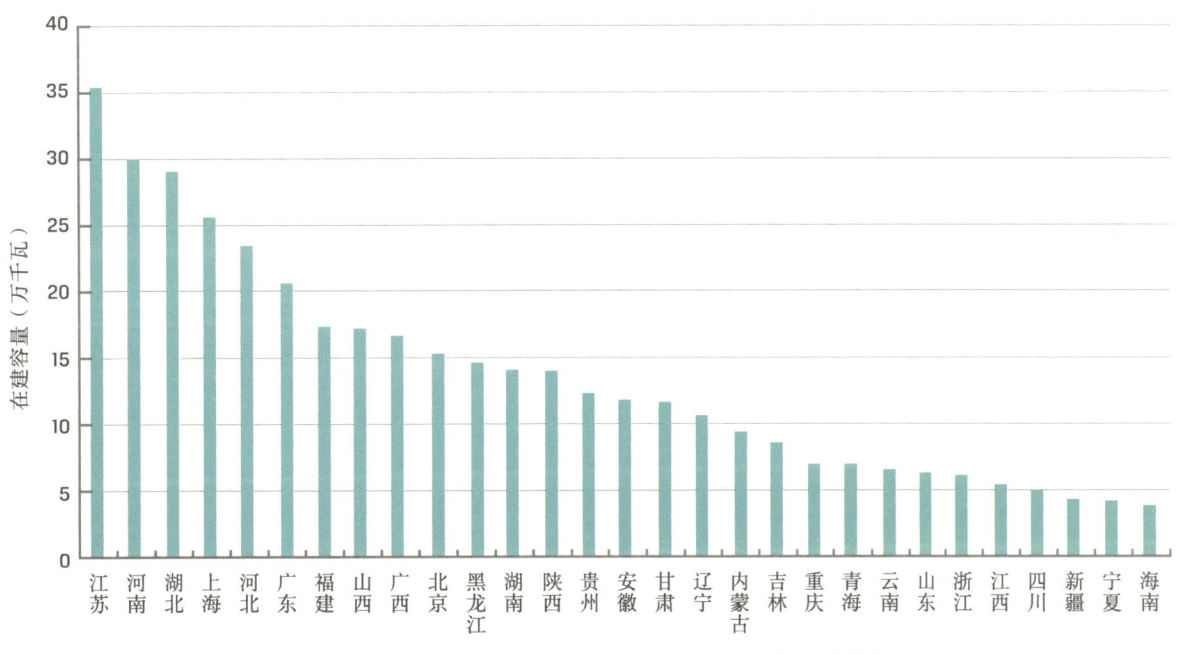

图 3-22 截至 2021 年底垃圾焚烧发电在建容量分布情况

(3) 运行情况

垃圾焚烧发电年发电量占比逐年提升。2021 年，全国垃圾焚烧发电年发电量 1084 亿千瓦时，同比增长 39.4%，占全国总发电量的 1.3%。得益于各省垃圾焚烧发电中长期规划等政策的推动影响，垃圾焚烧发电并网装机不断增加，垃圾焚烧年发电量在生物质总发电量中的占比逐年提升，2021 年达到 66.2%，较 2016 年提高 17.9 个百分点。2016—2021 年垃圾焚烧发电年发电量变化情况见图 3-23。

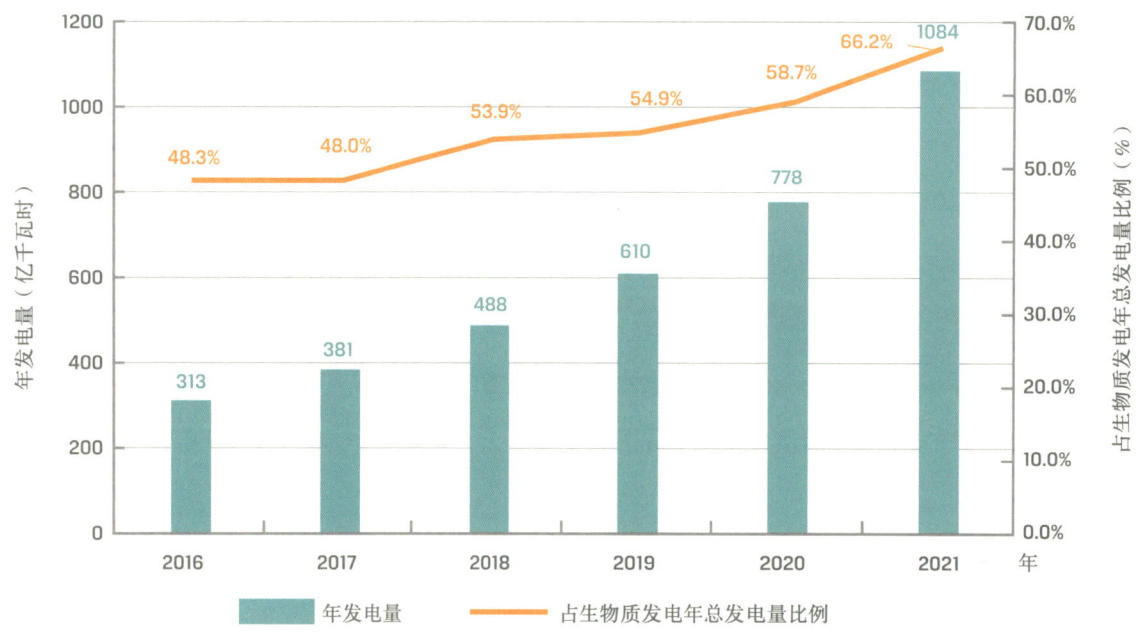

图 3-23　2016—2021 年垃圾焚烧发电年发电量变化情况

垃圾焚烧发电年平均利用小时数基本保持稳定。近年来，全国生活垃圾清运量和无害化处理率不断增长，垃圾焚烧发电项目利用水平不断提高。2021 年，全国垃圾焚烧发电年平均利用小时数 5752 小时。其中，湖南、广西年平均利用小时数均超过 7000 小时，排全国前两位。分省（区、市）来看，全国 15 个省（区、市）年平均利用小时数同比有所提高，部分省（区）年平均利用小时数有所下降。

4 沼气发电情况

(1) 并网情况

沼气发电装机容量稳步增长。2021 年，全国沼气发电新增并网装机容量 13 万千瓦。截至 2021 年底，全国沼气发电累计并网装机容量 111 万千瓦，同比增长 23.4%。总体来看，目前全国沼气发电项目总体规模增长较为稳定。2016—2021 年沼气发电并网容量变化趋势见图 3-24。

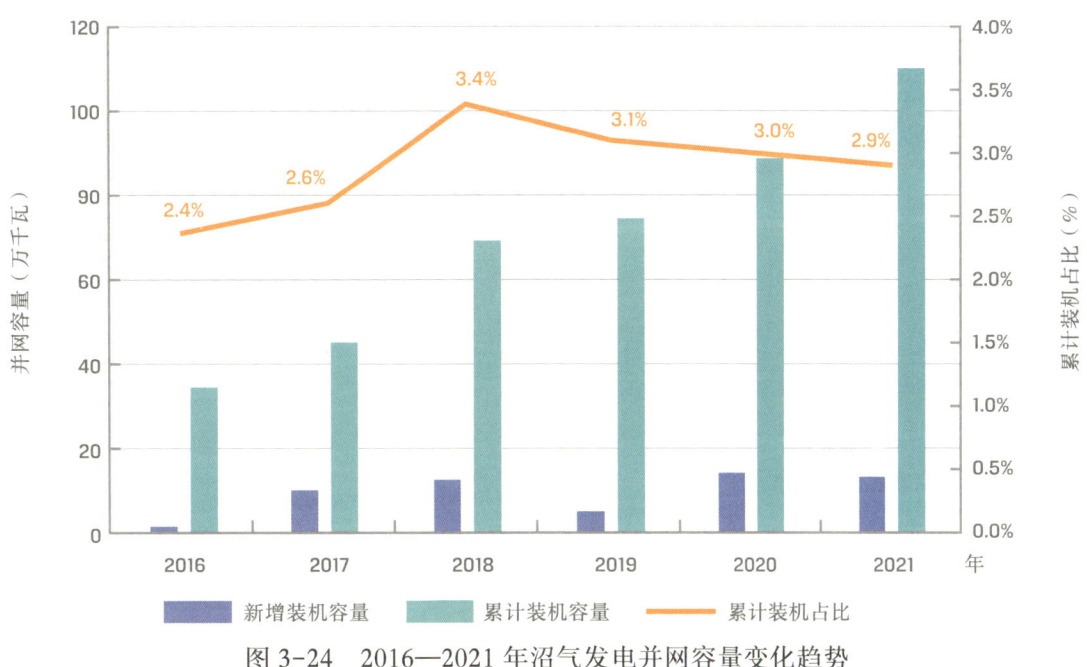

图 3-24　2016—2021 年沼气发电并网容量变化趋势

分省（区、市）来看，沼气发电主要分布在养殖业发达且较为集中的地区。新增并网装机主要分布在广东和湖南，新增并网装机容量均超过 3 万千瓦，两省新增并网装机占全国沼气发电新增并网装机的 94.5%。累计并网装机主要分布在广东、山东、湖南、河南和江苏，累计并网装机容量均超过 8 万千瓦，五省累计装机之和占全国沼气发电累计并网装机的 57.8%。2021 年主要省份沼气发电新增并网装机和累计并网装机情况见图 3-25 和图 3-26。

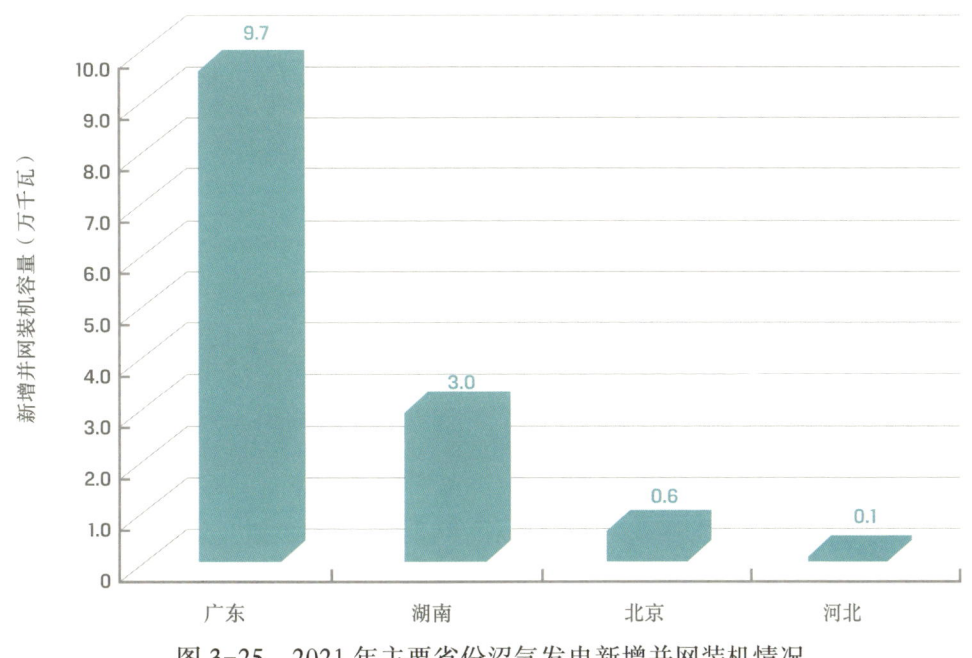

图 3-25　2021 年主要省份沼气发电新增并网装机情况

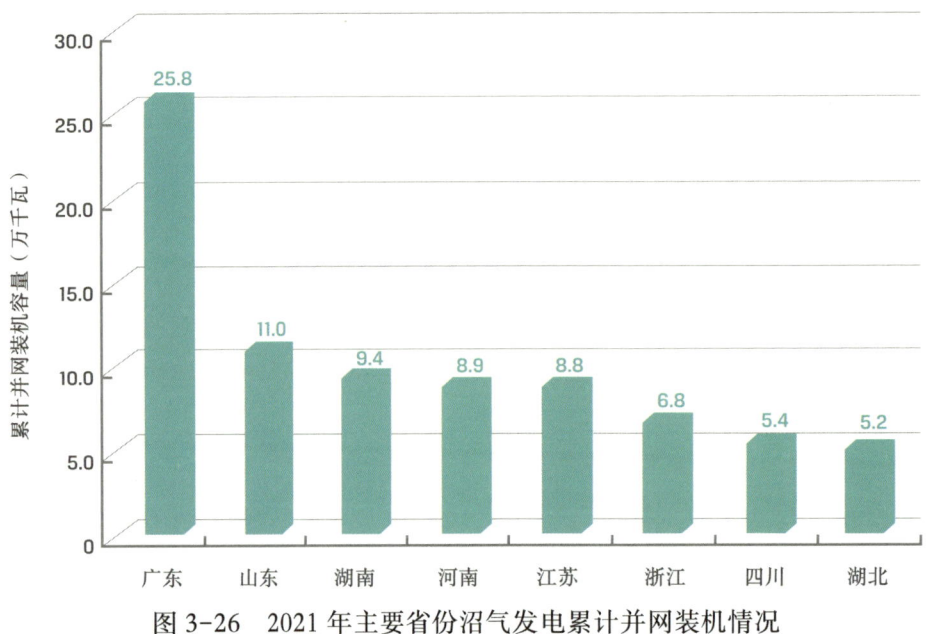

图 3-26 2021 年主要省份沼气发电累计并网装机情况

(2) 在建情况

沼气发电建设需求保持稳定。 截至 2021 年底,全国沼气发电在建容量 14 万千瓦,由于沼气发电属于有机废弃物资源化配套工程,其建设需求总体保持稳定。其中,河北、重庆、安徽三省(市)沼气发电在建容量较多,均超过 2 万千瓦,三省在建容量占沼气发电在建容量的 48.4%。截至 2021 年底沼气发电在建容量分布情况见图 3-27。

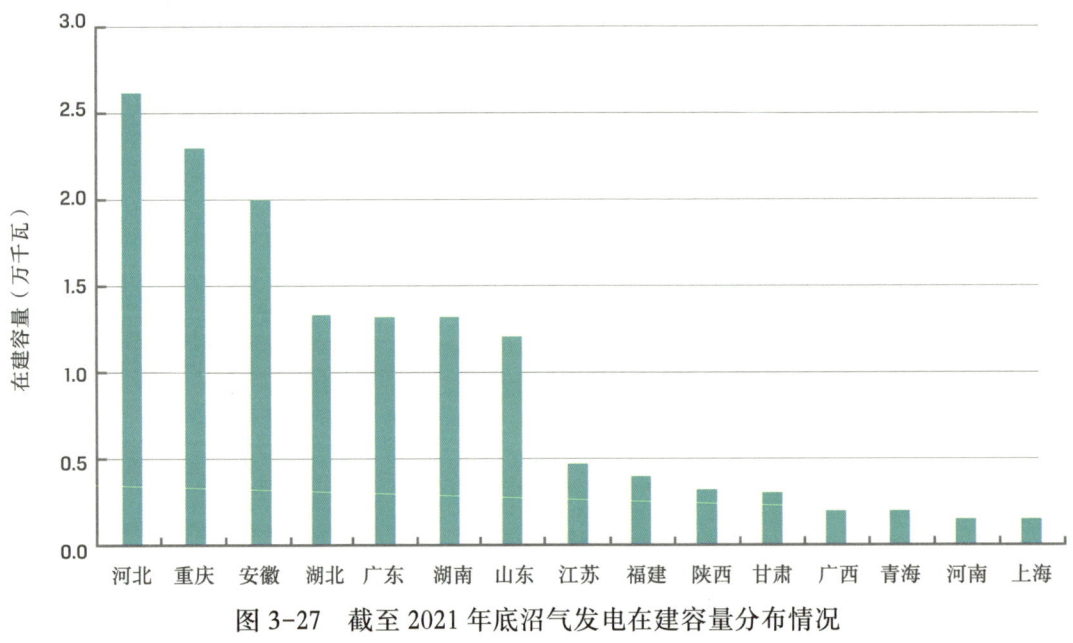

图 3-27 截至 2021 年底沼气发电在建容量分布情况

（3）运行情况

沼气发电年发电量小幅下降。 2021 年，全国沼气发电年累计发电量 37 亿千瓦时，较上年同期基本无变化。受新冠肺炎疫情对行业的持续影响，沼气年发电量在生物质总发电量中的占比自 2019 年起出现小幅下降，2021 年为 2.3%，较 2019 年降低 0.7 个百分点。2016—2021 年沼气发电年发电量变化情况见图 3-28。

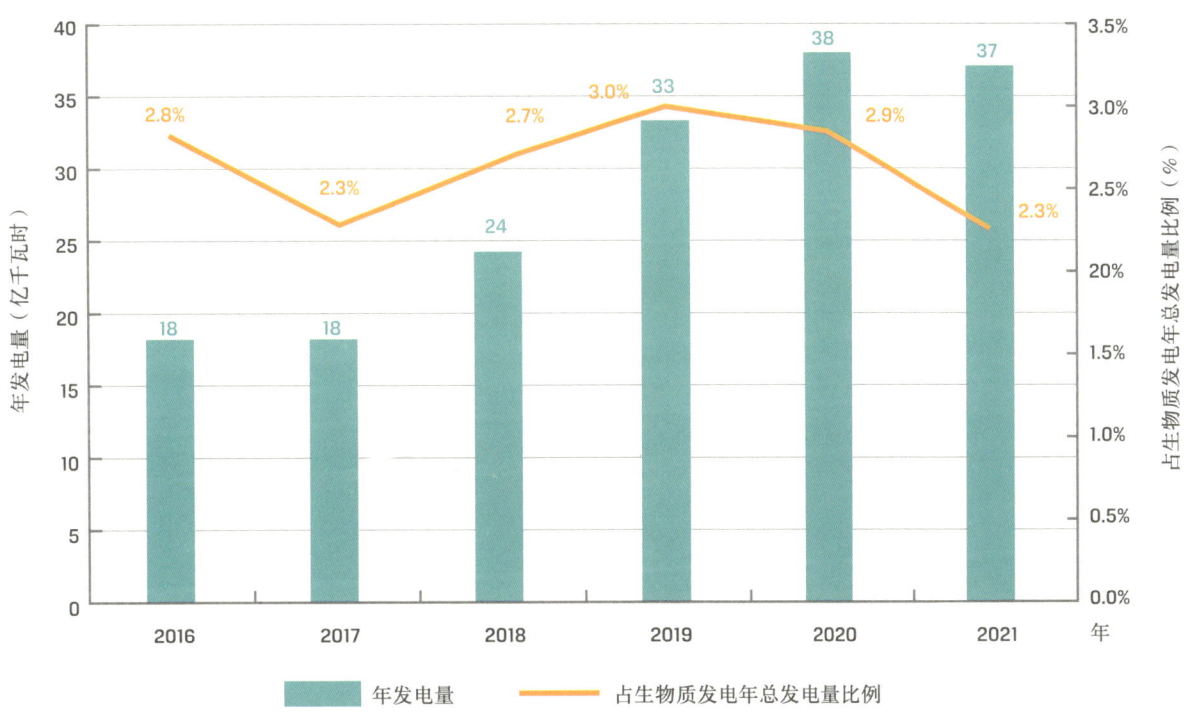

图 3-28　2016—2021 年沼气发电年发电量变化情况

沼气发电年平均利用小时数同比下降。 2021 年，受新冠肺炎疫情及项目并网时点等因素影响，全国沼气发电年平均利用小时数 3468 小时，同比下降 1056 小时。分省（区、市）来看，仅有吉林、广西、河北、海南和蒙西年平均利用小时数同比有所提升，另外有 19 个省（区、市）年平均利用小时数同比有所下降。

3.4 区域发展情况

1 区域概况

新增装机主要分布在华中和华北区域。 2021年,"三北"地区新增装机容量334万千瓦,占全国新增并网装机的41.4%,包括华北区域191万千瓦、东北区域120万千瓦、西北区域24万千瓦。其中,东北区域增速最快,新增并网装机占比同比提高5个百分点。中东南部地区新增并网装机容量474万千瓦,占全国新增并网装机的58.6%,包括华中区域204万千瓦、华东区域161万千瓦、南方区域109万千瓦。2020—2021年生物质发电新增并网装机区域分布情况见图3-29。

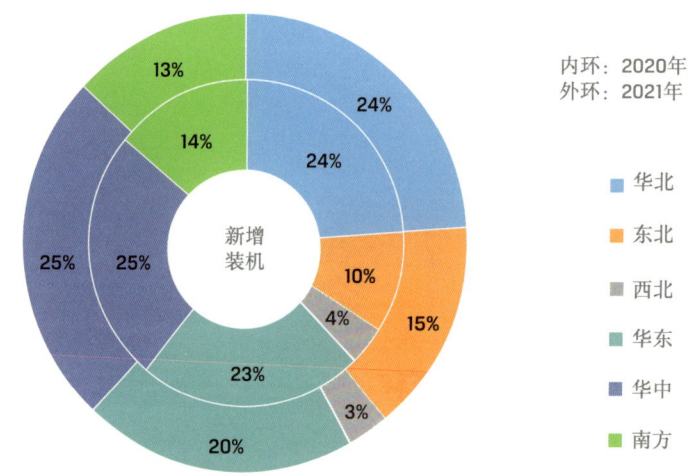

图3-29 2020—2021年生物质发电新增并网装机区域分布情况

累计装机分布仍以中东南部地区为主。 截至2021年底,"三北"地区累计并网装机容量1329万千瓦,占全国累计并网装机的35.0%,包括华北区域785万千瓦、东北区域436万千瓦、西北区域108万千瓦。中东南部地区累计并网装机容量2469万千瓦,占全国累计并网装机的65.0%,包括华东区域968万千瓦、华中区域745万千瓦、南方区域756万千瓦。2020—2021年生物质发电累计并网装机区域分布情况见图3-30。

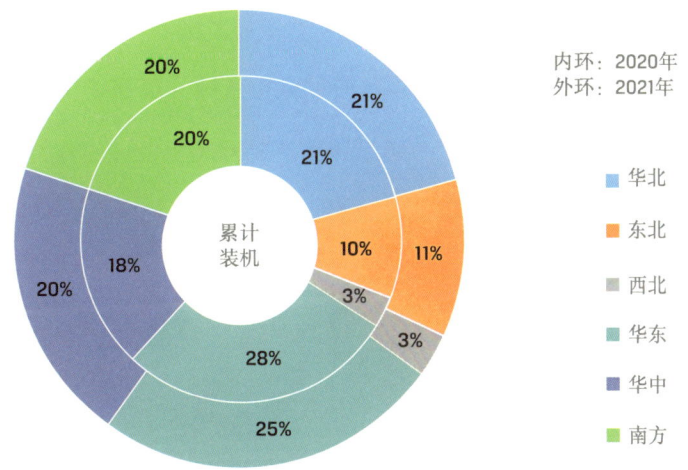

图 3-30 2020—2021 年生物质发电累计并网装机区域分布情况

不同类型生物质发电项目区域分布略有差异。 由于自然资源禀赋以及地方政策实施情况不同，各类型生物质发电区域分布呈现一定的差异性。2021 年，农林生物质发电新增并网装机主要分布在东北、华北、华中等农林资源较为丰富的区域，新增并网装机容量分别为 94 万千瓦、48 万千瓦、32 万千瓦，三区域新增并网装机合计占比约 81%；垃圾焚烧发电新增并网装机主要分布在华中、华东、华北地区，新增并网装机容量分别为 169 万千瓦、146 万千瓦、142 万千瓦，三区域新增并网装机合计占比约 79%；沼气发电新增并网装机主要分布在南方和华中地区，两区域新增并网装机合计占比约 94%。2021 年不同类型生物质发电新增并网装机区域分布情况见图 3-31。

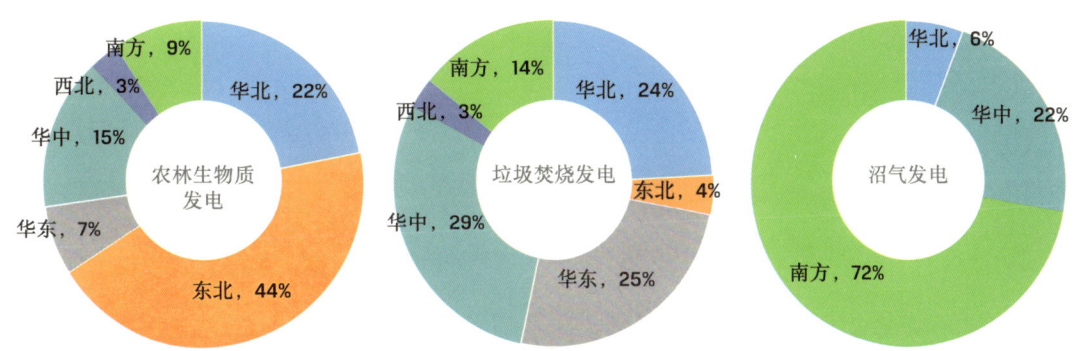

图 3-31 2021 年不同类型生物质发电新增并网装机区域分布情况

截至 2021 年底，农林生物质发电累计并网装机主要分布在东北和华北两个区域，累计并网装机容量分别为 343 万千瓦和 322 万千瓦，两区域累计并网装机合计占比约 43%；垃圾焚烧发电累计并网装机主要分布在华东和华北两个区域，累计并网装机容量分别为683万千瓦和447万千瓦，两区域累计并网装机合计占比约53%；沼气发电累计并网装机主要分布在华中和南方两个区域，累计并网装机容量分别为34万千瓦和29万千瓦，两区域累计并网装机合计占比约56%。2021年不同类型生物质发电累计并网装机区域分布情况见图3-32。

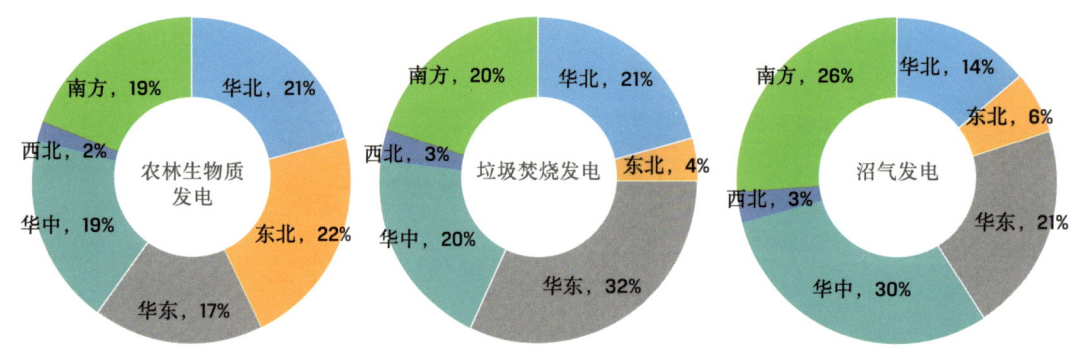

图3-32 2021年不同类型生物质发电累计并网装机区域分布情况

2 重点省份

选取山东、河北、广东三省，分析其2021年生物质发电项目建设运行情况。其中山东是累计生物质发电装机容量最大的省份，河北是2021年新增生物质发电和生活垃圾焚烧发电并网容量最大的省份，广东是2021年新增沼气发电并网容量最大的省份。

（1）山东省

生物质发电累计并网规模稳居全国首位。 山东省人口众多，农业资源和畜牧业资源较为丰富，具有较好的农林生物质发电基础。随着垃圾焚烧发电中长期规划等政策的逐步实施，山东省垃圾焚烧发电也实现快速增长。2021年，山东省生物质发电新增并网装机容量61万千瓦。其中，农林生物质发电19万千瓦，占全省生物质发电新增并网装机的31%；垃圾焚烧发电42万千瓦，占比69%；无新增沼气发电项目。截至2021年底，山东省生物质发电累计并网装机容量396万千瓦。其中，农林生物质发电191万千瓦，占全省生物质发电累计并网装机的48%；垃圾焚烧发电194万千瓦，占比约49%；沼气发电11万千瓦，占比约3%。2021年山东省不同类型生物质发电装机占比情况见图3-33。

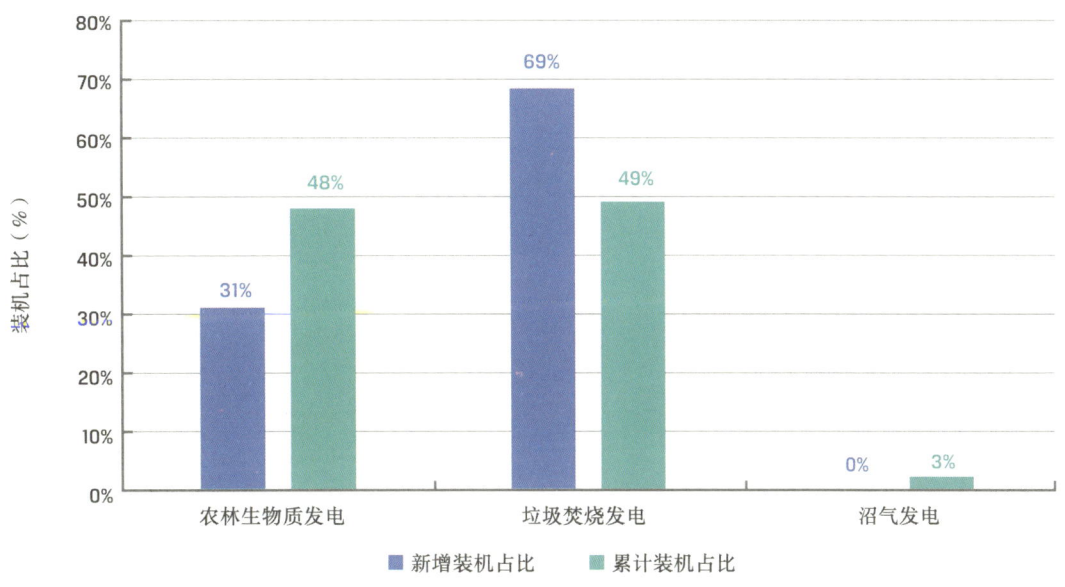

图 3-33　2021 年山东省不同类型生物质发电装机占比情况

(2) 河北省

垃圾焚烧发电新增装机规模增长迅速。 2021 年，河北省生物质发电新增并网装机容量 92 万千瓦，其中，垃圾焚烧发电新增并网装机容量达到 87 万千瓦，占全省生物质发电新增并网装机的 95%。截至 2021 年底，河北省生物质发电累计并网装机容量 210 万千瓦，其中，垃圾焚烧发电 137 万千瓦，同比增长 200%，增速居全国首位。2021 年河北省不同类型生物质发电装机占比情况见图 3-34。

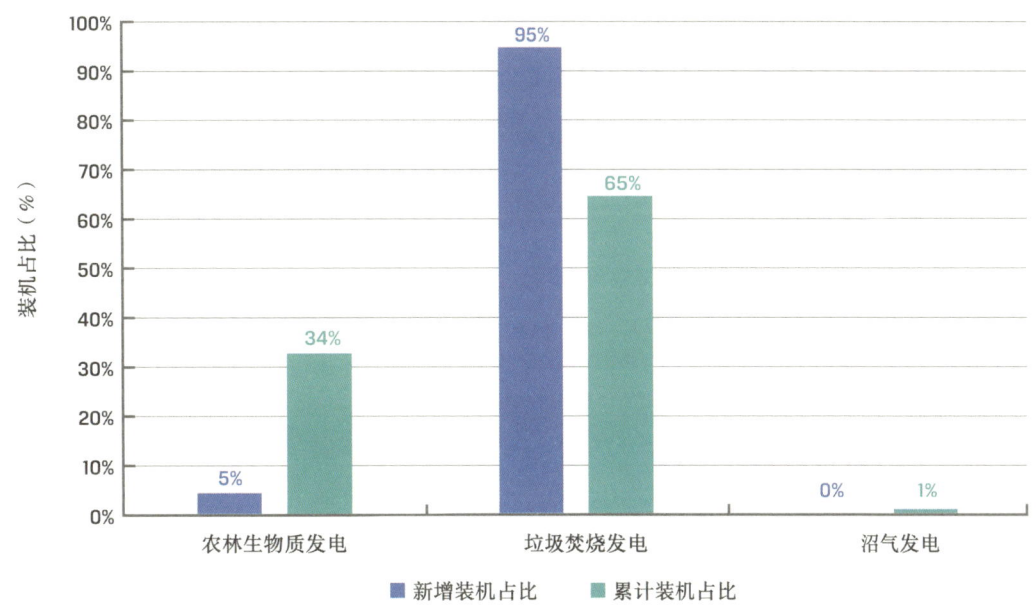

图 3-34　2021 年河北省不同类型生物质发电装机占比情况

(3) 广东省

垃圾焚烧发电和沼气发电齐头并进。 广东省人口众多，经济较为发达，对城市生活垃圾处理需求较高。在政策有序引导下，全省垃圾焚烧发电和沼气发电都实现快速发展。2021年，广东省生物质发电新增并网装机容量57万千瓦，其中，农林生物质发电7万千瓦、垃圾焚烧发电40万千瓦、沼气发电10万千瓦，占全省生物质发电新增并网装机的比例分别为12%、71%、17%，沼气发电新增并网装机居全国首位。截至2021年底，广东省生物质发电累计并网装机容量377万千瓦，其中，农林生物质发电50万千瓦、垃圾焚烧发电301万千瓦、沼气发电26万千瓦，占全省生物质发电累计并网装机的比例分别为13%、80%、7%，垃圾焚烧发电和沼气发电累计并网装机均居全国首位。2021年广东省不同类型生物质发电装机占比情况见图3-35。

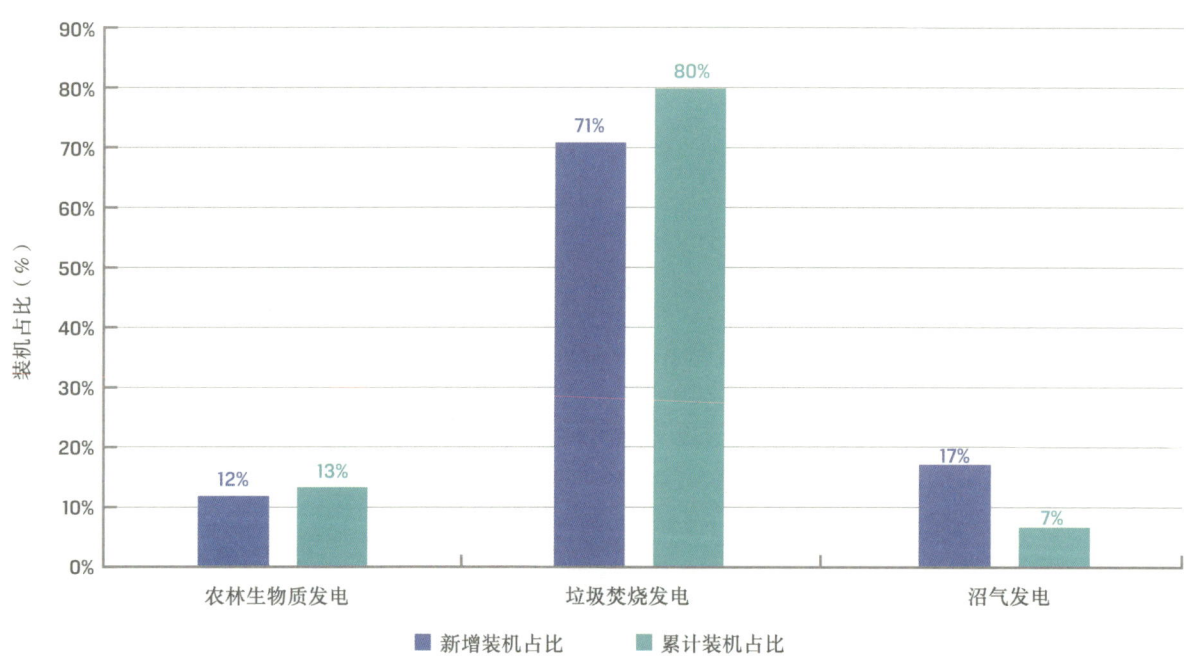

图3-35 2021年广东省不同类型生物质发电装机占比情况

3.5 主要开发建设企业

1. 农林生物质发电

截至2021底，并网装机容量前十名的企业分别是凯迪生态环境科技股份有限公司、国能生物发电集团有限公司、中国光大集团股份公司、广东长青（集团）股份有限公司、水发集团有限公司、理昂生态能源股份有限公司、山东琦泉集团、广东韶能集团股份有限公司、黑龙江省新产业投资集团有限公司、国家能源投资集团有限责任公司，合计装机规模586.32万千瓦，占全国农林生物质发电规模的37.6%。截至2021年底农林生物质发电项目并网装机排名前十的企业见图3-36。

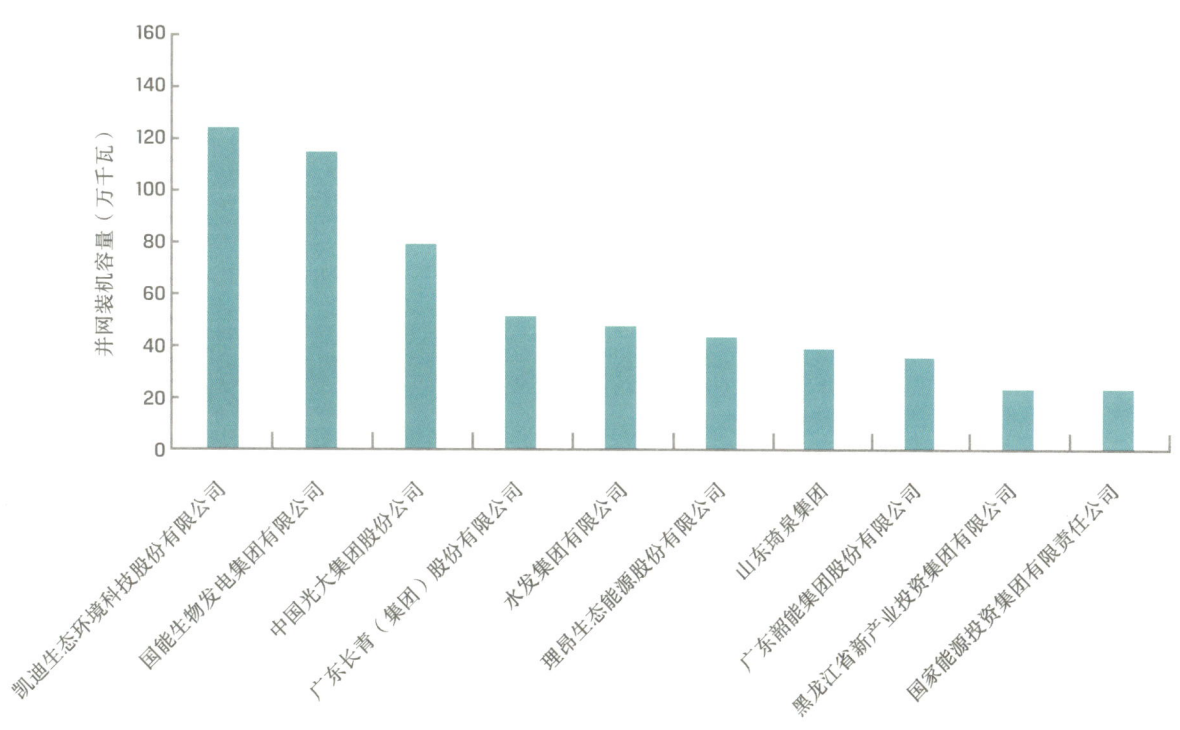

图3-36　截至2021年底农林生物质发电项目并网装机排名前十的企业

2　垃圾焚烧发电

截至2021底，并网装机容量前十名的企业分别是中国光大集团股份公司、中国节能环保集团有限公司、上海康恒环境股份有限公司、粤丰科维环保投资（广东）有限公司、绿色动力环保集团股份有限公司、浙江省能源集团有限公司、重庆三峰环境集团股份有限公司、瀚蓝环境股份有限公司、伟明集团有限公司、中国海螺创业控股有限公司，合计装机规模960.65万千瓦，占全国生活垃圾焚烧发电规模的45.1%。截至2021年底垃圾焚烧发电项目并网装机排名前十的企业见图3-37。

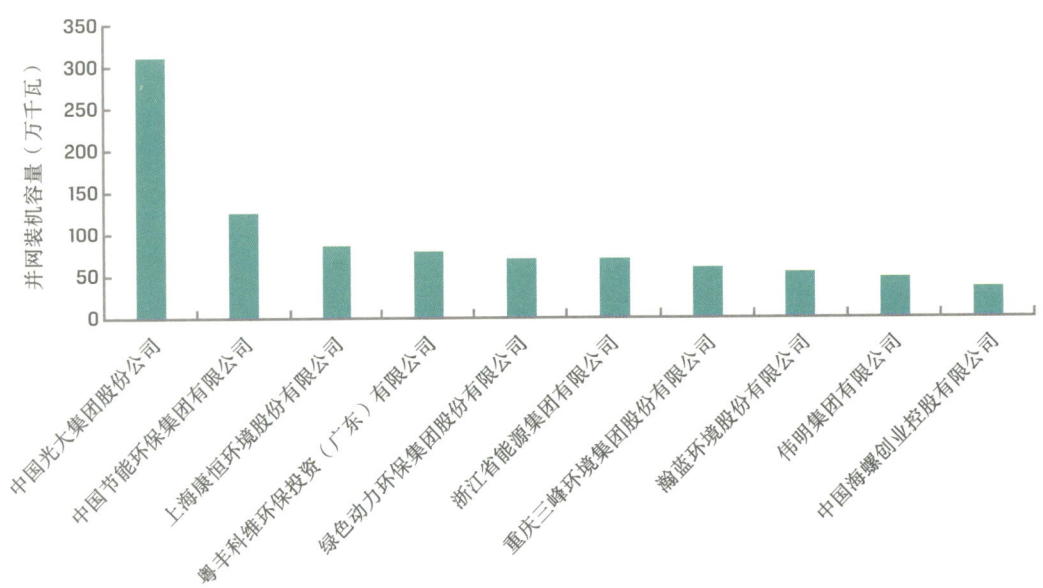

图 3-37　截至 2021 年底垃圾焚烧发电项目并网装机排名前十的企业

3 沼气发电

截至 2021 年底，并网装机容量前六名的企业分别是河南百川畅银环保能源股份有限公司、中国水业集团有限公司、新科迪环保能源有限公司、晟世能源有限公司、深圳相控科技股份有限公司、杭州市环境集团有限公司，合计装机规模 50.6 万千瓦，占全国沼气发电规模的 45.6%。截至 2021 年底沼气发电项目并网装机排名前六的企业见图 3-38。

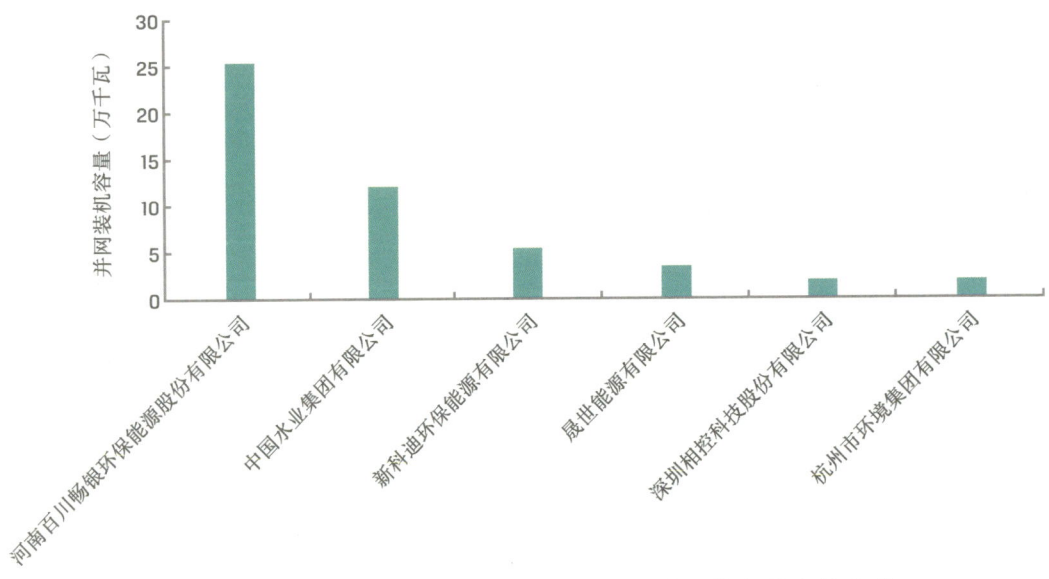

图 3-38　截至 2021 年底沼气发电项目并网装机排名前六的企业

3.6 投资建设情况

1 建设投资

2021 年，生物质发电总投资 1400 亿元，同比增长 15.0%。其中，农林生物质发电投资约 175 亿元，占总投资的 12.5%；生活垃圾焚烧发电投资约 1210 亿元，占总投资的 86.7%；沼气发电投资约 15 亿元，占总投资的 0.8%。此外，受新冠肺炎疫情、全球货币宽松、供需错配等因素影响，2021 年钢材、有色金属、水泥等主要工业生产资料价格普遍上涨，导致 2021 年生物质发电单位建设成本较 2020 年提高 8% 以上。

2 单位造价

（1）农林生物质发电

农林生物质发电建设成本主要由设备购置费、建筑工程费、安装费用及其他费用构成，其中建筑工程费 24%、设备购置费 42%、安装费用 16%、其他费用 18%。农林生物质发电建设成本主要与设备参数选型有关，设备参数越高项目造价越高，目前主流高温高压机组项目单位建设成本在 8000～10000 元/千瓦。

（2）生活垃圾焚烧发电

农林生物质发电建设成本主要由设备购置费、建筑工程费、安装费用及其他费用构成，其中建筑工程费 37%、设备购置费 38%、安装费用 11%、其他费用 14%。垃圾发电工程机炉匹配方案较灵活，有一炉一机方案，也有两炉一机方案，反映出同容量机组造价弹性空间较大，目前国内生活垃圾焚烧发电单位建设成本在 20000～27000 元/千瓦。生活垃圾焚烧发电项目造价受钢铁、铜、水泥等工业生产资料价格影响较为明显，由于 2021 年钢材、有色金属、水泥等主要工业生产资料价格普遍上涨，导致 2021 年生物质发电单位建设成本较 2020 年也有明显上升。

(3) 沼气发电

沼气发电的建设成本主要包括建筑工程费、设备购置费、安装费用及其他费用，根据建设规模、建厂条件不同，单位建设成本会有所不同。由于沼气发电厂一般规模较小，投资相对较少，受主机品牌、场地条件等影响较大，沼气发电单位投资差异较大。目前国内沼气发电单位建设成本在 8000～16000 元/千瓦。

4　技术装备篇
Technical Equipment

4.1 农林生物质发电

农林生物质发电主要有直燃和热解气化等技术路线，其中，生物质直燃发电可以消耗的农林生物质原料种类多、数量大、利用方式直接，而且容易规模化和产业化，是目前我国农林生物质能源化利用的主要工艺。生物质直燃发电的工艺系统主要包括生物质加工处理及输送设备、锅炉、汽轮发电机组、烟气处理系统等。

1 收储运设备

秸秆打捆机是秸秆收储运的关键设备。国外的打捆机技术十分成熟，大中小型种类齐全。我国打捆机起步较晚，原来主要在牧区用于收割牧草，随着国家禁止露天焚烧秸秆政策的推进和生物质能源产业的发展，打捆机在粮食产区的市场需求越来越大。特别是中小型打捆机，因其价格便宜、操作方便，非常受市场欢迎。目前我国打捆机市场中，设备规则比较齐全，性价比相对较高。

2 锅炉

农林生物质发电锅炉炉型主要有循环流化床锅炉和炉排炉，其中炉排炉又分为水冷振动炉排炉、链条往复式炉排炉、联合炉排炉等。循环流化床锅炉和水冷振动炉排炉性能优越，其市场占有率也越来越高。与国外同类型设备相比，国产生物质锅炉在多类型秸秆掺烧方面优势明显，燃料适应性强，且设备价格比进口更低。生物质锅炉参数也不断提升，经过多年的发展，已从中温中压参数提升到高温超高压参数，锅炉性能也不断提升。

3 汽轮机

我国农林生物质发电依次出现了中温中压、次高温次高压、高温高压和高温超高压汽轮发电机组。汽轮机的进汽参数越高，电厂的热经济性越高，同时单位千瓦造价也越高。但高参数机组的造价高出部分，可由效率提升多发电的收益来弥补。因此，高温高压机组逐渐成为生物质电厂的主流，并向高温超高压机组发展。

4 烟气处理系统

农林生物质发电项目烟气净化系统主要包括除尘、烟气脱硫、烟气脱硝等工艺。在除尘方面，国内生产布袋除尘器厂家众多，技术已十分成熟。在烟气脱硫方面，主要技术路线包括炉内脱硫、炉后干法脱硫和炉后半干法脱硫，部分原料含硫量较低的项目，无须建设烟气脱硫系统即可满足环保排放要求。在烟气脱硝方面，目前针对生物质锅炉 NO_x 排放控制，首先是采用低氮燃烧技术，降低原始排放，另外就是设置烟气脱硝装置。目前生物质发电烟气处理设备均已实现国产化。

4.2 生活垃圾焚烧发电

1 垃圾前处理系统

生活垃圾焚烧电厂主要采用炉排炉和流化床焚烧炉这种炉型，炉排炉和流化床焚烧炉的垃圾前处理系统有很大不同，其中，炉排炉对垃圾的粒径要求较低，无须严格的前处理，流化床垃圾焚烧炉需要配置垃圾前处理系统。对于流化床垃圾焚烧发电项目，原生垃圾由垃圾抓斗提升至垃圾预处理料斗，由垃圾料斗下的给料机送至带式输送机，直至后续的垃圾分选系统，在分选系统内去除原生垃圾中的金属、玻璃、碎石等不可燃物，再进行破碎、筛分，然后堆存发酵脱水，以满足流化床焚烧的需要。

垃圾分选系统设备主要有滚筒垃圾给料机、垃圾皮带输送机、滚筒筛、破碎机及弹跳式分选皮带机等，目前已实现国产化，但尚未实现完全机械化和自动化，仍需要人工辅助。当前我国已推行垃圾分类制度，随着我国垃圾分类政策的不断落实，将彻底改变垃圾焚烧电厂的原料形态，也将大大简化垃圾前处理系统。

2 焚烧炉

目前国内外应用较多、技术较成熟的垃圾焚烧炉炉型主要有机械炉排炉、循环流化床焚烧炉、回转窑焚烧炉三种。回转窑焚烧炉主要用于成分复杂、有毒有害的工业废弃物和医疗垃圾处理，在生活垃圾焚烧中应用较少。生活垃圾焚烧电厂主要装备机械炉排炉和循环流化床焚烧炉这两种炉型，其中机械炉排炉市场占有率最高，达到 75%；循环流化床焚烧炉次之，占比约 20%。

（1）机械炉排炉

机械炉排炉具有对垃圾的预处理要求不高、垃圾热值适应范围广、运行及维护简便的优点，是世界上应用最广泛、最为成熟的城市生活垃圾焚烧技术，目前单台最大垃圾处理能力可达 1200 吨/日。在炉排炉装备技术方面，国内垃圾焚烧炉厂商经过长期的技术引进再创新，目前已经实现国产化，设备技术已基本成熟，总体运行状况良好，焚烧炉灰渣热灼减率已经达到进口设备水平。

（2）循环流化床炉

循环流化床焚烧炉控制系统较复杂，且对生活垃圾有较高的预处理要求，原生垃圾预处理系统复杂、故障率高，且烟气飞灰含量高，限制了流化床焚烧炉的推广应用。流化床焚烧炉的优点是：炉体内燃烧温度高、开停车迅速，因此二噁英排放少；单体设备处理量大；单位造价低；等等。

3 余热锅炉

余热锅炉布置在焚烧炉后，用于吸收焚烧炉出口烟气中的热量以及产生蒸汽。垃圾焚烧产生的烟气中含有较多的 HCl 及低熔点飞灰，容易引起余热锅炉受热面低温腐蚀和积灰，且碳钢及低合金钢材料随受热面温度提高，其腐蚀速度将加快。为延长锅炉受热面使用寿命，控制设备成本，目前我国余热锅炉普遍采用中温中压参数。随着技术的进度、制造水平的提升、耐腐蚀材料价格的下降以及垃圾分类技术的逐步推广应用，锅炉受热面耐腐蚀性能有所提高，使锅炉主蒸汽参数进一步提高成为可能。因此，中温次高压技术在我国大容量垃圾焚烧炉上的应用将逐步增加。

4 汽轮机

受垃圾总量及垃圾热值的限制，垃圾焚烧发电项目的汽轮机组功率均较小，国内主流的垃圾焚烧发电项目汽轮机组容量在 1.2 万 ~ 3 万千瓦。汽轮机热效率与汽轮机容量和进汽参数高度相关，常规中压和次高压凝汽式汽轮机的热效率约为 28% ~ 35%。在汽轮机类型方面，由于我国垃圾焚烧发电项目选址多远离热负荷中心，目前基本凝汽式汽轮机为主，但随着垃圾焚烧发电项目越来越多建立在静脉产业园内，为产业园进行供热，未来抽凝机组项目将逐渐增多。

5 烟气净化技术

生活垃圾焚烧烟气净化系统由除尘、脱酸、脱硝、除二噁英和重金属等的各独立单元构成。在除尘方面，我国垃圾焚烧发电项目的除尘效率可达 99.5% ~ 99.9%，能长期稳定运行，适应工艺负荷变化引起的烟气量波动。在脱酸方面，国内外常用的工艺主要有干法、湿法和半干法三种，其中国外垃圾焚烧发电项目常采用湿法和机械旋转喷雾半干法净化工艺，国内垃圾焚烧发电项目多采用机械旋转喷雾半干法工艺、循环流化半干法工艺或干法净化工艺。在脱硝方面，垃圾焚烧烟气中 NO_x 排放控制技术主要有低氮燃烧技术、选择性非催化还原工艺（SNCR）和选择性催化还原工艺（SCR）。在去除二噁英和重金属方面，主要通过喷射活性炭进行吸附，之后随烟气中的颗粒物一同由布袋除尘器去除。

6 垃圾固废处理技术

垃圾焚烧的固废主要为炉渣和飞灰，其中，飞灰因含有重金属及二噁英等，属于危废，常用做法是通过螯合剂稳定化处理，达到生活垃圾填埋场污染控制标准后送入卫生填埋场专用库区填埋处理。国内有企业研发了垃圾焚烧飞灰综合利用技术，主要有水泥窑协同处置技术、等离子体高温熔融处理技术和热脱附处置技术。水泥窑协同处置技术具体工艺流程为：先将飞灰用水洗涤，洗涤后的沉渣通过热风干燥后送入水泥窑，洗涤污水经水处理后蒸发结晶成为可回收的钠盐和钾盐；在水泥窑中，飞灰中的二噁英被高温分解，重金属也得以固化在水泥熟料中。热脱附处置技术主要工艺流程为：飞灰经热风脱附处理，脱附汞、二噁英等有害物质，脱汞后的冷冻废气进入垃圾焚烧炉二次焚烧；热脱附后的飞灰经水洗后可用作建材，其废水蒸发结晶为可回收的钠盐和钾盐。

4.3 沼气发电

目前用于沼气发电的设备主要是沼气内燃机，是在柴油机的基础上发展起来的。国外用于沼气发电的内燃机主要使用 otto 发动机和 diesel 发动机，其单位重量的功率约为 27 千瓦/吨。国外沼气发电机组主要用在垃圾填埋场的沼气处理工艺中，美国在沼气发电领域有许多成熟的技术和工程，处于世界领先水平；欧洲用于沼气发电的内燃机，较大的单机容量在 0.4~2 兆瓦，填埋沼气的发电效率为 1.68~2 千瓦时/立方米。

我国开展沼气发电领域的研究始于 20 世纪 80 年代初，已从最初的简单改装内燃机发电机组到目前能够生产出高性价比的沼气发电机组系列产品，在发电机组性能方面缩小了与先进国家的差距，为我国沼气发电产业发展提供有力的设备支持。我国的沼气发动机主要为双燃料式和全烧式两类，较为成熟的国产沼气发电机组功率规格主要集中在 24~600 千瓦区段。

5 形势与展望篇
Situation and Prospec

5.1 面临形势

"十四五"时期,我国将稳步推进"碳达峰、碳中和",深入实施乡村振兴战略,加大城乡环境治理,积极构建现代能源体系,生物质发电产业迎来新的发展机遇;但随着生物质发电国补逐步退坡、竞争性配置以及既有项目补贴陆续到期,生物质发电行业可持续发展也面临着全新挑战。

1 多重政策支持,发展前景广阔

生物质能是重要的可再生清洁能源,具有环保、扶贫、民生三大属性,承载着解决"三农"问题、助力乡村振兴、应对气候变化、改善城乡人居环境、推进农村能源革命等重任。国家先后制定了乡村振兴战略、"碳达峰"行动方案、农村人居环境整治提升五年行动方案、能源发展"十四五"规划等顶层设计文件和规划性文件,明确了生物质能发展的思路和重点领域。

"十四五"期间,我国将积极发展生物质能源:一是能源绿色低碳转型方面,积极推进生物质能多元化利用,稳步发展城镇生活垃圾焚烧发电,有序发展农林生物质发电和沼气发电,因地制宜发展生物质能清洁供暖,在粮食主产区和畜禽养殖集中区统筹规划建设生物天然气工程,促进先进生物液体燃料产业化发展。二是在增强能源供应链稳定性方面,要按照不与粮争地、不与人争粮的原则,提升燃料乙醇综合效益,大力发展纤维素燃料乙醇、生物柴油、生物航空煤油等非粮生物燃料。三是在推动乡村能源变革方面,因地制宜开发利用生物质能,推进北方地区农村冬季清洁取暖,加大电、气、生物质锅炉等清洁供暖方式推广应用力度,在分散供暖的农村地区,就地取材推广户用生物成型燃料炉具供暖。四是在乡村减污降碳方面。加强农村生产生活垃圾、畜禽粪污的资源化利用,全面实施秸秆综合利用,改善农村人居环境和生态空间。

2 垃圾焚烧处理政策进一步强化,市场需求持续提升

加强生活垃圾无害化处理,提升城乡生活垃圾治理水平,是实施乡村振兴战略的重点任务,也是加强生态文明建设、建设美丽中国的必然要求。在生活垃圾无害化处理方式上,我国逐步由卫生填埋向"绿色焚烧"转变,目前城市生活垃圾焚烧处理占比约为62%,已经成为我国最主要的垃圾处理方式。

"十四五"期间，受政策支持推动，我国垃圾焚烧处理需求有望持续提升：一是政策支持焚烧处理替代填埋处理。2020年8月发布的《城镇生活垃圾分类和处理设施补短板强弱项实施方案》明确指出，生活垃圾日清运量超过300吨的地区，要加快发展以焚烧为主的垃圾处理方式，到2023年基本实现原生生活垃圾零填埋，原则上地级以上城市以及具备焚烧处理能力的县（市、区）不再新建原生生活垃圾填埋场。二是政策目标引导各地增加生活垃圾焚烧发电项目。2021年5月，国家发展改革委发布《"十四五"城镇生活垃圾分类和处理设施发展规划》，要求各地加大财政资金投入力度，到2025年底，全国城镇生活垃圾焚烧处理能力达到80万吨/日左右，城市生活垃圾焚烧处理占比65%左右。预计到2025年，全国城镇生活垃圾焚烧处理能力约有13.81万吨/日的增长空间，2020—2025年复合增速约为3.86%。

3. 国补逐步退坡，倒逼行业竞争力提高

经过20多年的发展，生物质发电进入新的发展阶段。为推动行业加快技术进步，持续降低发电成本，提高竞争力，实现高质量发展，国家相关部门先后印发政策文件，明确"以收定支"，合理确定新增补贴项目规模；明确完善市场配置资源，通过竞争性方式配置新增项目；明确补贴资金央地分担规则，补贴中央分担部分逐年调整并有序退出。

相比水电、光伏、风电等可再生能源，生物质发电具有较高的运营成本，特别是原料成本占运营成本的60%～70%，国家补贴逐步退坡一定程度上会降低生物质发电项目经济性，短期内会对行业投资开发带来一定影响。但长期来看，国补退坡将倒逼生物质发电企业加强科技创新，优化管理模式，提高内部管理水平，推动行业市场竞争力提升和高质量发展。

5.2 发展展望

1. 生物质发电总体保持平稳增长

城乡有机废弃物的增长和刚性处理需求将推动生物质发电行业持续增长，但受国补退坡、竞争性配置及"以收定支"确定新增补贴项目规模等政策影响，2022年生物质发电行业将呈现总体平稳增

长、不同类型发电项目增长分化特征更加明显的趋势。其中，生活垃圾焚烧发电仍将保持快速增长，在生物质发电行业发展中继续发挥"主力军"作用，农林生物质发电、沼气发电将维持小幅增长。在区域分布上，生物质发电增量项目将主要集中在黑龙江、河南、广东、河北、北京、广西等省份，预计占 2022 年全国新增装机规模的 60% 以上。

2. 精细化运营将是农林生物质发电高质量发展关键

短期看，国补退坡对新增农林生物质发电项目影响较大，一定程度上会降低项目新增投资建设规模；中长期看，将倒逼农林生物质发电企业创新运营模式，加强项目管理，提高项目运营水平。一是通过技术创新，提升生物质发电技术水平，提高发电效率。二是通过优化运营管理模式，完善燃料收储运体系，加强生物质燃料从入厂到入炉的全过程控制，降低项目成本，提升能源利用效率。三是由发电向热电联产转型，积极参与碳市场交易，拓展项目的非电收入，降低项目盈利对补贴的依赖。四是促使部分龙头企业依托资金和技术管理优势，通过并购、运维托管等方式加强对存量项目的整合，进一步提高燃料议价能力，提升企业整体规模经济效益。

3. 生物质能非电利用将进一步提升

随着生物质发电竞争性配置及电价补贴分担比例逐年向地方倾斜，原有以发电为主要盈利点的产业发展模式将面临严峻挑战，推行有机固废处置有偿服务、发展生物质能非电利用将是产业未来发展趋势。一是加快生物质发电向热电联产转型升级，加快发展以农林生物质、生物质成型燃料等为燃料的生物质锅炉供热。二是推进生物天然气产业化示范项目建设，进一步探索完善有利于生物天然气产业化发展的商业模式。三是积极推广和使用生物液体燃料，进一步提高交通运输燃料可再生能源占比。

声 明

本报告内容未经许可，任何单位或个人不得以任何形式复制、转载。

本报告相关内容、数据及观点仅供参考，不作为投资等的决策依据，报告编委会不对因使用本报告内容导致的损失承担任何责任。

如无特别注明，本报告各项中国统计数据不包括香港特别行政区、澳门特别行政区和台湾省的数据。部分数据因四舍五入的原因，存在总计与分项合计不等的情况。

本报告部分数据及图片引自水电水利规划设计总院、国家发展改革委能源研究所、国际可再生能源署（IRENA）等单位发布或提供的资料，在此一并声明并致谢！